SABRINA SUE DANIELS

DAS AIRFRYER KOCHBUCH
Vegetarisch

Trage dich jetzt unter
www.vegetarisch-und-vegan.de
für unseren Newsletter ein und erhalte
zu neuen Veröffentlichungen
Leseproben und kostenlose Rezepte!

SABRINA SUE DANIELS

DAS AIRFRYER KOCHBUCH Vegetarisch

60 easy Rezepte aus der Heißluftfritteuse: gesund, fettarm und energiesparend

riva

Bibliografische Information der Deutschen Nationalbibliothek
Die Deutsche Nationalbibliothek verzeichnet diese Publikation in der Deutschen Nationalbibliografie. Detaillierte bibliografische Daten sind im Internet über https://dnb.de abrufbar.

FüFFragea und Anregungen
info@m-vg.de

Originalausgabe
3. Auflage 2025

Türkenstraße 89
80799 München
Tel.: 089 651285-0

Redaktion: Stephanie Kaiser-Dauer
Umschlaggestaltung: Manuela Amode
Umschlagabbildungen und Abbildungen Innenteil: Sabrina Sue Daniels
Layout: Müjde Puzziferri, MP Medien, München
Satz: inpunkt[w]o, Wilnsdorf (www.inpunktwo.de)
Druck: Florjancic Tisk d.o.o., Slowenien
Printed in the EU

ISBN Print 978-3-7423-2743-7
ISBN E-Book (EPUB, Mobi) 978-3-7453-2508-9

Wir produzieren nachhaltig
www.m-vg.de

Weitere Informationen zum Verlag finden Sie unter
www.rivaverlag.de
Beachten Sie auch unsere weiteren Verlage unter www.m-vg.de

INHALT

Einmal Dessert, bitte! 125

EINLEITUNG

Schneller, leckerer und gesünder mit Rezepten aus dem Airfryer!

Schön, dass du dich für dieses Buch entschieden hast. Ich habe eine Vielzahl an leckeren vegetarischen Rezepten für dich kreiert, die dir bestimmt das Wasser im Mund zusammenlaufen lassen.

Doch warum habe ich mich bei der Zubereitung gerade für eine Heißluftfritteuse, auch Airfryer genannt, entschieden? Bestimmt hast du schon davon gehört, dass man mit einem Airfryer unglaublich viele Kalorien einsparen kann, dass er schnell in der Zubereitung ist und weniger Energie verbraucht. Ob das wirklich so ist, verrate ich dir auf den nächsten Seiten. Doch hier schon ein kleiner Spoiler vorweg: Für mich ist der Airfryer ein wirklich tolles Gerät, das ich in meiner Küche nicht mehr missen möchte.

Ich wünsche dir viel Spaß beim Ausprobieren meiner Rezepte und beim Kreieren deiner eigenen.

WARUM IST DIE ZUBEREITUNG IM AIRFRYER GESÜNDER?

Im Airfryer benötigst du viel weniger Fett als in einer Pfanne oder einer normalen Fritteuse – und manchmal auch gar kein Fett. Durch die Luftzirkulation im Inneren des Gerätes wird der Bedarf an Öl auf ein Minimum reduziert. Bei vielen der Rezepte hier im Buch werden die Zutaten lediglich mit Öl besprüht.

Diese gesündere Zubereitung lässt es zu, die Lebensmittel knusprig zu braten, ohne sie in Fett zu ertränken wie in einer Fritteuse. Dadurch wird auch der Gehalt an gesättigten Fetten und Transfetten reduziert.

WIE FUNKTIONIERT EIN AIRFRYER?

Das verbaute Heizelement und ein starkes Gebläse sorgen für eine gleichmäßige Luftzirkulation. Die Luft im Inneren wird auf 200 °C oder mehr erhitzt. Das Ergebnis sind gleichmäßig gebräunte und krosse Speisen mit weniger Fett und Kalorien.

Dank der Heißlufttechnologie werden beispielsweise Pommes außen schön knusprig und bleiben im Kern weich und saftig.

WELCHER AIRFRYER PASST ZU MIR?

Airfryer gibt es in unterschiedlichen Größen und Ausführungen.

- Modelle für den Singlehaushalt haben meist ein Fassungsvermögen von etwa 2,5 Litern. Sie eignen sich hervorragend für kleine Küchen.
- In Heißluftfritteusen mit einem Fassungsvermögen ab 4 Litern können bis zu vier Portionen zubereitet werden.
- Das Model »Dual Basket« mit zwei separaten Frittierkörben hat eine Gesamtkapazität von etwa 9 Litern und ist perfekt für die Zubereitung von Familienmahlzeiten.

Viele Modelle sind sehr einfach in der Bedienung und bieten teilweise auch Programme für verschiedene Lebensmittel wie Fisch, Fleisch oder Gemüse. Mit diesen Einstellungen kannst du auch ganz einfach eigene Gerichte zaubern.

WELCHE VORTEILE HAT DER AIRFRYER?

Energiesparend
Im Gegensatz zu einem konventionellen Backofen verbraucht ein Airfryer weniger Strom, da er sehr viel kleiner und kompakter ist.

Kaum Fett
Die lästigen Fettspritzer vom Anbraten in der Pfanne gehören der Vergangenheit an, denn im Airfryer wird kaum Fett benötigt. Die Zubereitung ist besonders kalorienarm und gerade für eine fettarme und gesunde Ernährung ein absoluter Gamechanger.

Kein Aufheizen
Im Gegensatz zum Backofen brauchst du deine Heißluftfritteuse nicht vorzuheizen. Einige Hersteller empfehlen es zwar für perfekte Ergebnisse und auch für manche Rezepte ist Aufheizen erforderlich. Doch keine Sorge: Der Vorgang dauert in der Regel nur zwei bis drei Minuten.

Vielseitig
So ein Airfryer kann viel mehr als nur Pommes! Mit einer Heißluftfritteuse holst du dir ein multifunktionales Küchengerät nach Hause – außer frittieren kannst du damit auch backen, grillen, rösten, aufwärmen und dörren.

Zeitsparend
Mit einem Airfryer sparst du Zeit, denn das Gerät heizt sich schneller auf und gart die Lebensmittel in kürzerer Zeit als in ein herkömmlicher Backofen. So wird die Zubereitung deiner Mahlzeiten effizienter.

Einfache Reinigung
Was gibt es Lästigeres als Backofenputzen? Beim Airfryer kannst du alle abnehmbaren Teile ganz einfach in der Spülmaschine reinigen.

Platzsparend
Viele Geräte sind besonders platzsparend. Aufgrund ihrer kompakten Bauweise passen sie auch in die kleinste Küche.

NÜTZLICHE HILFSMITTEL

Küchenzange
Da der Garkorb beim Airfryer sehr heiß wird, empfiehlt sich eine Küchenzange. Damit kannst du das Gargut ganz einfach und sicher aus dem Korb nehmen oder im Korb wenden.

Ölsprüher
Auch wenn der Airfryer durch die Zubereitung mit wenig Fett punktet, braucht es manchmal ein paar Spritzer Öl. Dafür empfehle ich dir einen Ölsprüher zum Besprühen des Lebensmittels mit Speiseöl.

Backpinsel
Backpinsel eignen sich prima, um Lebensmittel mit Öl, Butter oder verquirltem Ei zu bestreichen.

Backformen

Für den Einsatz im Airfryer eignen sich alle hitzebeständigen Backformen – egal ob aus Silikon, Keramik oder Metall. Im Handel gibt es spezielle Backformen, die auf die Größe der Heißluftfritteusen abgestimmt sind.

HINWEISE UND TIPPS

Backzeiten anpassen

Genau wie bei einem Backofen können auch beim Airfryer die Backzeiten variieren. Zudem ist jedes Gerät ein wenig anders und benötigt deshalb vielleicht auch eine Anpassung der jeweiligen Backzeit. Ist bei einem Rezept beispielsweise eine Backzeit von 20 Minuten angegeben, solltest du bereits nach 15 Minuten mal einen prüfenden Blick auf das Gargut werfen und die Zeit eventuell nach oben oder unten korrigieren.

Je nach Größe deines Gerätes kann es außerdem sein, dass du ein Gericht in mehreren Etappen zubereiten musst. Ist das Gerät durch den ersten Backvorgang bereits gut vorgeheizt, musst du die Backzeit eventuell bei der nächsten Runde um zwei bis drei Minuten reduzieren.

Nie ohne Aufsicht

Auch wenn dein Airfryer ein absolutes Multitalent ist, solltest du das Gerät nie unbeaufsichtigt lassen. Die heiße Luft im Airfryer zirkuliert und entweicht auf der Rückseite des Gerätes. Platziere die Heißluftfritteuse an einem Ort, an dem genügend Platz ist, und wo sich keine Gegenstände oder Lebensmittel dahinter oder darauf befinden.

Backpapier im Airfryer

Der Einsatz von Backpapier ist im Airfryer kein Problem. Im Internet werden viele Sorten von Backpapier angeboten, die bereits auf die Größe des jeweiligen Gerätes zugeschnitten sind. Du kannst aber auch ganz einfach das Papier verwenden, das du bereits bei dir zu Hause im Küchenschrank hast.

Da die Luft im Gerät zirkuliert, kann das Papier oben in die Heißspirale eingesogen werden, daher solltest du es unbedingt mit dem Gargut oder einer Backform beschweren.

Frittierkorb nicht überfüllen

Auch wenn du mal größere Portionen zubereitest, solltest du den Frittierkorb nie überfüllen oder die Zutaten übereinanderstapeln oder überlappen lassen.

Ist der Korb zu voll, wird nicht nur die Zubereitungszeit länger, sondern die Lebensmittel werden auch nicht gleichmäßig gar und knusprig.

Ein wenig Öl hilft

Die Zubereitung in der Heißluftfritteuse ist besonders kalorienarm und gesund, doch auf den Einsatz von etwas Öl solltest du dabei nicht verzichten. Denn Fett ist ein wichtiger Geschmacksträger und lässt Gewürze auch besser an den Lebensmitteln haften bleiben.

Außerdem sorgen ein paar Spritzer Öl dafür, dass das Gargut an der Oberfläche nicht austrocknet. Gerade bei Gemüse ist das sinnvoll.

Frittierkorb nicht vollständig auskleiden

Damit das Gargut im Frittierkorb durch die Luftzirkulation auch gleichmäßig braun wird, solltest du den Korb niemals vollständig mit Backpapier oder Alufolie auskleiden. Dadurch wird der Luftstrom gestört und deine Zutaten werden nicht gleichmäßig gegart.

Pommes vorher in Wasser baden

Ein Airfryer ist der Gamechanger, wenn es um Pommes geht. Vor allem selbst gemachte Fritten sind aus der Heißluftfritteuse eine Offenbarung. Damit die geliebten Kartoffeln auch richtig knusprig werden, solltest du sie vor dem Garen mindestens 30 Minuten in kaltes Wasser legen, damit sich die Kartoffelstärke löst. Anschließend gut abtrocknen und mit Öl und Gewürzen ummanteln.

Schütteln und Wenden nicht vergessen

Damit das Gargut im Korb gleichmäßig braun wird, solltest du den Korb nach der Hälfte der Backzeit schütteln oder wenden. Das gilt selbstverständlich nur für »lose« Lebensmittel wie Pommes, Nuggets oder Gemüsebällchen. Aufläufe, Kuchen oder Ähnliches sind davon ausgenommen.

Hinweis zu Käse

Viele Käsesorten gibt es in rein vegetarischer Version. Sie werden mit mikrobiellem Lab hergestellt. Als Vegetarier*in achtest du auf Sorten ohne tierisches Lab. Parmesan ist streng genommen nicht vegetarisch, da er aus tierischem Lab gewonnen wird, für das wiederum die Schlachtung des Tiers notwendig ist. Montello ist beispielsweise eine gute Alternative zu Parmesan. Natürlich ist es deine persönliche Entscheidung, ob du trotzdem Parmesan verwendest.

Vegane Rezepte

Einige der Rezepte kommen ganz ohne tierische Produkte aus und sind somit vegan. Sie sind mit folgendem Symbol gekennzeichnet:

Frühstück – mal süß, mal herzhaft

Süße Frühstücks-Quarkmuffins

FÜR 7 STÜCK • ZUBEREITUNGSZEIT: 15 MINUTEN • BACKZEIT: 12 MINUTEN

ZUTATEN:

160 g Dinkelmehl (Type 630)
2 TL Backpulver
50 g Zucker
Salz
1 TL Vanille-Extrakt
150 g Quark (20 % Fett)
2 Eier (Größe M)

Optional: Puderzucker und Marmelade

Zusätzlich: 7 Muffin-Silikonförmchen

1. Muffinförmchen fetten und zur Seite stellen.
2. Mehl, Backpulver, Zucker und 1 Prise Salz miteinander vermischen. Vanilleextrakt, Quark und Eier vermengen. Trockene Zutaten untermischen.
3. Teig in die Muffinförmchen füllen. Bei 180 °C im Airfryer etwa 10 bis 12 Minuten goldbraun backen.
4. Nach dem Backen vorsichtig aus den Förmchen lösen. Anschließend auf einem Kuchengitter auskühlen lassen.
5. Optional den oberen Teil der Muffins abschneiden und mit Marmelade bestreichen. Den Deckel wieder aufsetzen und mit Puderzucker bestäubt servieren.

Breakfast-Avocado

FÜR 4 STÜCK • ZUBEREITUNGSZEIT: 10 MINUTEN • BACKZEIT: 7 MINUTEN

ZUTATEN:

2 Avocados
4 TL weißer Sesam
4 Eier (Größe S)
Salz
Pfeffer
8 Radieschen
½ Bund Brunnenkresse
4 TL Chilisoße

1. Avocados halbieren und entkernen. Sesam auf einem Teller verteilen. Avocadohälften mit der Schnittfläche in den Sesam drücken.
2. Eier aufschlagen. In jede Avocadohälfte vorsichtig ein Ei gleiten lassen. Mit Salz und Pfeffer würzen.
3. Avocados in den Garkorb legen. Bei 180 °C im Airfryer etwa 5–7 Minuten backen, je nach gewünschter Garzeit des Eies.
4. In der Zwischenzeit Radieschen in Scheiben schneiden. Avocados mit Radieschen und Brunnenkresse dekorieren. Zum Servieren mit Chilisoße servieren und genießen.

Feto-Tortilla-Muffins

FÜR 6 STÜCK • ZUBEREITUNGSZEIT: 20 MINUTEN • BACKZEIT: 8 MINUTEN

ZUTATEN:

- 2 Knoblauchzehen
- 200 g Feto (fermentiertes Sojaprodukt)
- ½ Bund Basilikum
- 2 EL Olivenöl
- Salz
- Pfeffer
- 2 Tortilla-Fladen
- 6 Kirschtomaten
- ¼ Bund Schnittlauch

Zusätzlich: 6 Silikon-Muffinförmchen

1. Knoblauch schälen. Feto grob würfeln. Basilikum, Olivenöl, Knoblauch und Feto in einen Mixer geben und fein pürieren. Kräftig mit Salz und Pfeffer abschmecken.
2. Tortilla-Fladen vierteln. 6 Viertel in je eine Muffinform drücken. (2 Viertel bleiben übrig, diese können später im Airfryer kross gebacken und dazu serviert werden.) Feto-Creme darin verstreichen.
3. Muffins bei 180 °C etwa 8 Minuten im Airfryer backen.
4. In der Zwischenzeit Kirschtomaten vierteln. Schnittlauch in feine Röllchen schneiden. Feto-Muffins mit Kirschtomaten und Schnittlauch bestreut servieren und genießen.

Tipp:

Die kross gebackenen Tortilla-Chips schmecken mit dem Tomaten-Avocado-Salat von Seite 60 ganz wunderbar.

French-Toast-Rolls

FÜR 6 STÜCK • ZUBEREITUNGSZEIT: 15 MINUTEN • BACKZEIT: 10 MINUTEN

ZUTATEN:

- 6 Scheiben Sandwichtoast
- 120 g Nuss-Nougat-Creme
- 1 Ei (Größe M)
- 6 EL Milch
- Rapsöl zum Besprühen
- 2 EL Puderzucker
- ¼ TL Zimt
- 200 g Erdbeeren

Zusätzlich: Nudelholz

1. Sandwichtoast mit einem Nudelholz flach ausrollen. Je 1 TL Nuss-Nougat-Creme auf den Scheiben verteilen. Toastscheiben eng aufrollen.
2. Ei und Milch miteinander verquirlen. Toastrollen nacheinander darin wenden, bis sie vollständig ummantelt sind.
3. Rollen mit der Naht nach unten in den Garkorb des Airfryers legen und mit Rapsöl besprühen. Bei 180 °C etwa 10 Minuten goldbraun backen. Nach der Hälfte der Backzeit wenden.
4. Puderzucker mit Zimt vermischen. Erdbeeren vierteln.
5. French-Toast-Rolls mit Erdbeeren und Puderzucker bestäubt servieren und genießen.

Tipps:

Je nach Saison können die French-Toast-Rolls mit unterschiedlichen Früchten und Beeren serviert werden. Außerdem kannst du die Röllchen statt mit Nuss-Nougat-Creme auch mit Marmelade füllen. Wer sich vegan ernährt, tauscht das Ei und die Milch einfach gegen 150 ml Pflanzendrink.

Kimchi-Pancake-Muffins

FÜR 7 STÜCK • ZUBEREITUNGSZEIT: 15 MINUTEN • BACKZEIT: 10 MINUTEN

ZUTATEN:

100 g Kimchi (Asia-Laden)
100 g Weizenmehl (Type 405)
2 TL Backpulver
½ TL Salz
50 ml Milch
1 Ei (Größe M)
1 Frühlingszwiebel
2 TL Crispy-Chili-Öl (Asia-Laden)

Zusätzlich: 7 Silikon-Muffinförmchen

1. Silikonförmchen fetten und zur Seite stellen.
2. Kimchi grob hacken. Mehl, Backpulver und Salz in einer Schüssel miteinander vermischen.
3. Milch und Ei zügig unterrühren. Kimchi unterheben. Teig in die vorbereiteten Silikonförmchen füllen.
4. Bei 180 °C etwa 10 Minuten im Airfryer goldbraun backen.
5. Frühlingszwiebel in feine Streifen schneiden. Muffins nach dem Backen vorsichtig aus den Förmchen lösen. Mit Frühlingszwiebeln und Chili-Öl beträufelt genießen.

Omelette-Muffins

FÜR 7 STÜCK • ZUBEREITUNGSZEIT: 15 MINUTEN • BACKZEIT: 17 MINUTEN

ZUTATEN:

1 kleine rote Zwiebel
2 Knoblauchzehen
½ rote Paprika
¼ Bund Petersilie
4 Eier (Größe M)
80 g geriebener Emmentaler
1 TL Sambal Oelek
Salz
Pfeffer
¼ Bund Schnittlauch
3 EL saure Sahne
7 getrocknete Tomaten
rosa Pfefferbeeren

Zusätzlich: 7 Muffinförmchen

1. Muffinförmchen fetten und zur Seite stellen.
2. Zwiebel und Knoblauch schälen und fein hacken. Paprika entkernen und klein würfeln. Petersilie fein hacken.
3. Eier in einer Schüssel verquirlen. Zwiebel, Knoblauch, Paprika und Petersilie unterrühren.
4. Emmentaler und Sambal Oelek hinzugeben und mit Salz und Pfeffer abschmecken. Alles gut miteinander vermischen und anschließend in die gefetteten Muffinförmchen füllen.
5. Bei 160 °C etwa 17 Minuten im Airfryer goldbraun backen. Nach dem Backen kurz auskühlen lassen und vorsichtig aus den Förmchen lösen.
6. Schnittlauch fein hacken. Muffins mit je einem Klecks saurer Sahne toppen. Mit getrockneten Tomaten, Schnittlauch und rosa Pfefferbeeren dekorieren und genießen.

Tipps:

Die Muffins schmecken warm, aber auch kalt ganz vorzüglich. Wer besonders viel Hunger hat, kann frisch geröstetes Baguette aus dem Airfryer dazu genießen.

Schnelle Tomaten-Blätterteig-Pies

FÜR 6 PORTIONEN • ZUBEREITUNGSZEIT: 15 MINUTEN • BACKZEIT: 6–8 MINUTEN PRO BACKVORGANG

ZUTATEN:

300 g Blätterteig
300 g Kirschtomaten
150 g Frischkäse
Salz
Pfeffer
50 g Rucola

Zusätzlich: Backpapier

1. Blätterteig auf einer Arbeitsfläche ausrollen und in 6 gleich große Stücke schneiden.
2. Kirschtomaten vierteln. Blätterteig mit Frischkäse bestreichen. Tomaten darauf verteilen und mit Salz und Pfeffer abschmecken.
3. Garkorb des Airfryers mit Backpapier auslegen. Pies darauf verteilen und bei 200 °C etwa 8 Minuten goldbraun backen.
4. Beim Backen in mehreren Etappen die Garzeit auf etwa 6 Minuten reduzieren.
5. Blätterteig-Pies mit Rucola belegen und genießen.

Tipp:

Für den extra Gaumenschmaus die Blätterteig-Pies mit ein paar Spritzern Balsamico-Dressing beträufeln.

Schokobrötchen

FÜR 5 STÜCK • ZUBEREITUNGSZEIT: 20 MINUTEN • RUHEZEIT: 75 MINUTEN • BACKZEIT: 12 MINUTEN

ZUTATEN:

100 ml lauwarme Milch + 1 EL
30 g Zucker
½ Päckchen Trockenhefe
275 g Dinkelmehl (Type 630)
Salz
1 Ei (Größe M)
50 g weiche Butter
50 g Schokodrops
1 Eigelb

Zusätzlich: Backpapier

1. 100 ml Milch mit Zucker und Trockenhefe in einer großen Schüssel verrühren. Mehl, 1 Prise Salz, Ei und Butter hinzugeben und verkneten. Schokodrops hinzugeben und zu einem geschmeidigen Teig verkneten.
2. Teig abgedeckt an einem warmen Ort 45 Minuten gehen lassen.
3. Den Teig auf einer leicht bemehlten Arbeitsfläche in 5 gleich große Stücke teilen. Jeden Teigling zu einer Kugel formen. Abgedeckt weitere 30 Minuten gehen lassen.
4. 1 EL Milch und Eigelb miteinander verquirlen. Brötchen damit bestreichen. Garkorb des Airfryers mit Backpapier auslegen. Brötchen darauf platzieren.
5. Bei 180 °C im Airfryer etwa 10 bis 12 Minuten goldbraun backen.
6. Nach dem Backen auf einem Kuchengitter auskühlen lassen.

Spinat-Feta-Börek-Schnecken

FÜR 2 STÜCK • ZUBEREITUNGSZEIT: 45 MINUTEN • BACKZEIT: 18 MINUTEN PRO BÖREK

ZUTATEN:

- 200 g Blattspinat
- 2 Knoblauchzehen
- ½ Bund Dill
- 200 g Feta
- 1 EL Olivenöl
- Salz
- Pfeffer
- 80 g Joghurt
- 1 Ei (Größe M)
- 8 Blätter-, Filo- oder Yufkateig (à 25×35 cm)
- 2 TL Sesam (schwarz und weiß)

Zusätzlich: Backform (ø 20 cm), Rapsöl zum Fetten

1. Backform mit Öl ausstreichen.
2. Spinat putzen und grob hacken. Knoblauch schälen und fein hacken. Dill ebenfalls fein hacken. Feta mit einer Gabel zerkrümeln.
3. Olivenöl in einer Pfanne erhitzen. Knoblauch darin kurz anbraten. Spinat hinzugeben, bis er leicht in sich zusammenfällt. Dill und Feta hinzugeben. Mit Salz und Pfeffer abschmecken.
4. Joghurt und Ei in einer Schüssel miteinander verquirlen. Mit Salz und Pfeffer abschmecken.
5. Je 1 Filoblatt auf einer Arbeitsfläche auslegen und dünn mit der Ei-Joghurt-Masse bestreichen. Spinat-Feta-Füllung in 8 Portionen teilen. Füllung entlang der Längsseite des Teigblattes auslegen. Dabei einen etwa 1 cm breiten Rand nach links und rechts freilassen.
6. Je 4 Teigrollen mit der Naht nach unten von außen nach innen in einer Schneckenform in die Backform legen. Mit der restlichen Joghurt-Creme bestreichen und mit Sesam bestreuen.
7. Börek bei 180 °C jeweils 15 bis 18 Minuten goldbraun backen.

Süßkartoffel-Rösti

FÜR 2 PORTIONEN • ZUBEREITUNGSZEIT: 25 MINUTEN • BACKZEIT: 20 MINUTEN

ZUTATEN:

400 g Süßkartoffel
1 TL Salz
1 kleine Zwiebel
2 Eier (Größe M)
2 EL Weizenmehl (Type 405)
Pfeffer
Rapsöl zum Besprühen
¼ Bund Dill
4 Radieschen
1 Mini-Gurke
1 Frühlingszwiebel
2 EL Frischkäse
2 EL Milch
1 TL Sahnemeerrettich

Optional: 80 g vegetarische Lachs-Alternative

Zusätzlich: Backform (ø 20 cm), Backpapier

1. Süßkartoffel schälen und mit einer Gemüsereibe grob raspeln. Anschließend mit ½ TL Salz vermischen und abgedeckt 10 Minuten stehen lassen.
2. In der Zwischenzeit Zwiebel schälen und fein hacken. Süßkartoffeln gut ausdrücken und mit Zwiebel, Eiern und Mehl in eine Schüssel geben. Mit Salz und Pfeffer abschmecken.
3. Backform fetten oder mit Backpapier auslegen. Süßkartoffelmasse in die Form geben und glatt streichen. Oberfläche mit Rapsöl besprühen.
4. Bei 190 °C etwa 18 bis 20 Minuten im Airfryer backen.
5. In der Zwischenzeit Dill fein hacken. Radieschen und Gurken in Scheiben schneiden. Frühlingszwiebeln in feine Ringe schneiden.
6. Für die Creme Frischkäse, Milch und Sahnemeerrettich cremig rühren. Dill unterrühren.
7. Rösti vorsichtig aus der Form lösen und mit der Frischkäse-Creme bestreichen. Mit Radieschen, Gurke und Frühlingszwiebeln belegen. Nach Belieben mit vegetarischer Lachs-Alternative belegen und genießen.

Tofu-Erbsen-Buletten

FÜR 9 PORTIONEN • ZUBEREITUNGSZEIT: 40 MINUTEN • BACKZEIT: 20 MINUTEN

ZUTATEN:

- 125 g TK-Erbsen
- 200 g mehligkochende Pellkartoffeln vom Vortag
- 150 g Naturtofu
- 2 Knoblauchzehen
- 50 g rote Grillpaprika (Glas)
- 1 TL Kerbel, getrocknet
- 1 ½ TL Paprikapulver edelsüß
- Salz
- Pfeffer
- Rapsöl zum Besprühen

Zusätzlich: Kartoffelpresse oder Stampfer, Backpapier

1. Erbsen mit kochendem Wasser übergießen und 10 Minuten stehen lassen. Anschließend abtropfen lassen.
2. Kartoffeln schälen und durch eine Kartoffelpresse drücken oder mit einem Kartoffelstampfer zerkleinern.
3. Tofu grob zerkleinern. Knoblauch schälen. Tofu, Knoblauch und Erbsen in einen Mixer geben und mittelfein zerkleinern. Kartoffeln untermischen. Paprika fein würfeln und zur Kartoffel-Tofu-Masse geben.
4. Mit Kerbel, Paprikapulver, Salz und Pfeffer abschmecken.
5. Aus dem Teig 9 gleich große Frikadellen formen. Frikadellen mit Rapsöl besprühen. Garkorb des Airfryers mit Backpapier auslegen. Bei 180 °C etwa 20 Minuten goldbraun backen. Nach der Hälfte der Backzeit wenden.

Vollkorn-Fladenbrot

FÜR 2 STÜCK • ZUBEREITUNGSZEIT: 30 MINUTEN • RUHEZEIT: 60 MINUTEN • BACKZEIT: 10 MINUTEN

ZUTATEN:

200 g Dinkelmehlvollkornmehl
½ Päckchen Trockenhefe
¼ TL Salz
1 Prise Zucker
3 EL Olivenöl
125 ml lauwarmes Wasser
2 Knoblauchzehen
½ TL Schwarzkümmel

Zusätzlich: Backpapier

1. Mehl, Trockenhefe, Salz und Zucker in einer Schüssel miteinander vermischen.
2. 1 EL Öl und lauwarmes Wasser hinzugeben und zu einem geschmeidigen Teig verkneten. An einem warmen Ort abgedeckt 60 Minuten gehen lassen.
3. Knoblauch schälen und fein hacken. Mit 2 EL Olivenöl vermischen.
4. Teig zu 2 Fladen (ø 18 cm) formen. Kleine Mulden mit dem Finger in den Teig drücken.
5. Fladen mit dem Knoblauchöl bestreichen und mit Schwarzkümmel bestreuen.
6. Garkorb des Airfryers mit Backpapier auslegen. Fladen hineinlegen und bei 180 °C etwa 8 bis 10 Minuten goldbraun backen.

Zucchini-Pizza-Bagels

FÜR 2 PORTIONEN • ZUBEREITUNGSZEIT: 15 MINUTEN • BACKZEIT: 10 MINUTEN

ZUTATEN:

- 2 TL Pesto rosso
- 2 EL Frischkäse
- Salz
- Pfeffer
- 50 g Zucchini
- 4 getrocknete Tomaten
- 2 Bagels
- 6 Scheiben vegetarische Salami
- 30 g geriebener Käse
- 1 Handvoll Sprossen

1. Pesto rosso und Frischkäse miteinander vermischen. Nach Belieben mit Salz und Pfeffer würzen.
2. Zucchini in dünne Scheiben schneiden. Getrocknete Tomaten klein schneiden.
3. Bagels halbieren. Untere Hälfte mit Pesto-Frischkäse bestreichen. Mit vegetarischer Salami, Zucchini und getrockneten Tomaten belegen. Bagelhälften mit Käse bestreuen und den Deckel auflegen.
4. Im Airfryer bei 180 °C etwa 8 bis 10 Minuten knusprig backen. Nach dem Backen mit Sprossen bestreuen und genießen.

Mehr als nur Fritten

Auberginen-Limetten-Dip mit Bratpaprika

FÜR 4 PORTIONEN • ZUBEREITUNGSZEIT: 40 MINUTEN • BACKZEIT: 47 MINUTEN

ZUTATEN:

- 2 Auberginen à 250 g
- 200 g Bratpaprika (Pimiento)
- Rapsöl zum Besprühen
- 2 Knoblauchzehen
- 2 EL Sesampaste (Tahini)
- Saft von ½ Limette
- ½ TL Kreuzkümmel, gemahlen
- Salz
- Pfeffer
- 2 EL Olivenöl
- 2 TL schwarzer Sesam
- Koriander zur Deko (alternativ Petersilie)
- grobes Meersalz

1. Auberginen mit einer Gabel rundherum einstechen. Im Airfryer bei 200 °C etwa 40 Minuten rösten, bis sich die Schale leicht schwarz verfärbt und das Fruchtfleisch weich ist. Auberginen auskühlen lassen.
2. In der Zwischenzeit Bratpaprika in den Airfryer geben und mit Rapsöl besprühen. Bei 200 °C etwa 5 bis 7 Minuten rösten, bis die Haut dunkle Blasen wirft.
3. Die Auberginen halbieren. Das Fruchtfleisch mit einem Löffel auskratzen.
4. Knoblauch schälen und mit Aubergine, Sesampaste, Limettensaft und Kreuzkümmel in einen Mixer geben und fein pürieren.
5. Creme mit Salz und Pfeffer abschmecken. Auberginen-Creme in einer Schale dekorativ verstreichen. Mit Olivenöl beträufeln. Sesam und Koriander darüberstreuen. Bratpaprika mit grobem Meersalz bestreuen und zusammen mit der Creme genießen.

Baharat-Kartoffeln mit Zaziki

FÜR 2 PORTIONEN • ZUBEREITUNGSZEIT: 30 MINUTEN • RUHEZEIT: 30 MINUTEN • BACKZEIT: 20 MINUTEN

Zutaten für die Kartoffeln:

- 500 g mehligkochende Kartoffeln
- 1 TL Baharat (Gewürz)
- 1 EL Olivenöl
- Salz
- Pfeffer

Zutaten für das Zaziki:

- 1 kleine rote Zwiebel
- 2 Knoblauchzehen
- ¼ Bund Dill
- 1 Mini-Gurke
- 150 g Joghurt
- Pfeffer
- Salz

1. Kartoffeln schälen und in 1 cm große Würfel schneiden. Würfel 30 Minuten in kaltes Wasser legen.
2. In der Zwischenzeit für das Zaziki Zwiebel und Knoblauch schälen. Beides zusammen mit Dill fein hacken. Gurke grob reiben. Joghurt in einer Schüssel mit Zwiebel, Knoblauch, Dill und Gurke vermischen. Mit Salz und Pfeffer abschmecken. Bis zur Verwendung im Kühlschrank ziehen lassen.
3. Kartoffeln auf einem Küchentuch trocken tupfen. Kartoffelwürfel mit Baharat und Olivenöl vermischen. Mit Salz und Pfeffer abschmecken.
4. Kartoffeln bei 180 °C etwa 18 bis 20 Minuten im Airfryer knusprig backen. Garkorb zwischendurch schütteln.
5. Kartoffeln mit Zaziki servieren und genießen.

Tipp:

Mit einer pflanzlichen Joghurt-Alternative wird das Zaziki ganz schnell zum veganen Genuss.

Corn Ribs

FÜR 2 PORTIONEN • ZUBEREITUNGSZEIT: 20 MINUTEN • BACKZEIT: 10 MINUTEN

ZUTATEN:

2 Maiskolben
2 Knoblauchzehen
2 EL Olivenöl
1 TL Paprikapulver edelsüß
½ TL Pul Biber (Gewürz)
1 TL getrockneter Oregano, gerebelt
Salz
Pfeffer
¼ Bund Petersilie
80 g Magerquark
1 EL Mayonnaise

1. Maiskolben mit einem scharfen Messer mittig halbieren. Die Hälften erneut längs halbieren.
2. Knoblauch schälen, fein hacken und mit Olivenöl, Paprikapulver, Pul Biber und Oregano vermengen. Mit Salz und Pfeffer abschmecken.
3. Maisstreifen mit der Marinade bestreichen. Bei 200 °C im Airfryer etwa 10 Minuten backen. Nach der Hälfte der Backzeit wenden.
4. In der Zwischenzeit Petersilie fein hacken. Quark mit Mayonnaise cremig rühren. Petersilie unterrühren und mit Salz und Pfeffer verfeinern.
5. Corn Ribs mit Dip servieren und genießen.

Gemüse-Feta-Taschen

FÜR 6 STÜCK • ZUBEREITUNGSZEIT: 35 MINUTEN • RUHEZEIT: 45 MINUTEN • BACKZEIT: 10 MINUTEN

ZUTATEN:

- 100 ml Milch + 1 EL
- 40 g Butter
- ½ Päckchen Trockenhefe
- ½ TL Zucker
- ½ TL Salz
- 225 g Dinkelmehl (Type 630)
- 1 rote Zwiebel
- 2 Knoblauchzehen
- ½ Bund Dill
- 1 rote Paprika
- 100 g Zucchini
- 100 g Feta
- 1 EL Rapsöl
- Pfeffer
- 1 Eigelb (Größe M)
- 2 EL Saaten (Sonnenblumenkerne, Sesam)

Zusätzlich: Teigrolle, Backpapier

1. 100 ml Milch und Butter in einem Topf schmelzen. Anschließend lauwarm auskühlen lassen. Trockenhefe, Zucker und Salz einrühren. Mit Mehl zu einem geschmeidigen Teig verkneten.
2. Teig abgedeckt an einem warmen Ort 45 Minuten gehen lassen.
3. In der Zwischenzeit Zwiebel und Knoblauch schälen. Mit Dill fein hacken. Paprika halbieren, das Kerngehäuse entfernen und klein würfeln. Zucchini halbieren und würfeln.
4. Feta grob zerkrümeln. Rapsöl in einer Pfanne erhitzen. Zwiebel und Knoblauch darin 2 bis 3 Minuten bei mittlerer Hitze glasig andünsten. Paprika und Zucchini hinzugeben und weitere 5 Minuten mit anbraten.
5. Dill unterrühren. Mit Salz und Pfeffer abschmecken. Feta unterrühren.
6. Teig in 6 gleich große Stücke teilen. Auf einer leicht bemehlten Arbeitsfläche zu großen Fladen (ø 12 cm) ausrollen.
7. Etwas Füllung in der Mitte jedes Teigkreises verteilen. Den Teigkreis zusammenklappen, sodass ein Halbkreis entsteht. Die Teigränder mit den Zinken einer Gabel oder den Fingern fest andrücken.
8. Garkorb des Airfryers mit Backpapier auslegen. Gemüsetaschen mit etwas Abstand darauflegen.
9. Eigelb mit 1 EL Milch verquirlen. Teigtaschen mit dem Ei bestreichen. Mit Saaten bestreuen und im Airfryer bei 180 °C 10 Minuten backen.
10. Je nach Größe des Airfryers muss in mehreren Vorgängen gebacken werden. Dafür die Backzeit bei den weiteren Backvorgängen um etwa 2 Minuten reduzieren.

Gebackener Feta

FÜR 4 PORTIONEN • ZUBEREITUNGSZEIT: 20 MINUTEN • BACKZEIT: 15 MINUTEN

ZUTATEN:

- 2 Feta-Käse (à 200 g)
- 3 EL Butter
- 6 Blätter Filoteig
- 2 TL Sesam (schwarz und weiß)
- 2 EL Honig
- 2 Stängel Dill

Zusätzlich: Backpapier

1. Feta auf einem Küchentuch trocken tupfen.
2. Butter in einem kleinen Topf schmelzen. Filoteig auf eine Arbeitsfläche legen und mit etwas Butter bestreichen.
3. Einen Feta-Käse darauf platzieren und den Käse wie ein Päckchen einpacken. Ein weiteres Filoteigblatt mit Butter bestreichen und das Päckchen erneut darauf legen und einwickeln. Diesen Vorgang so lange wiederholen, bis der Käse mit 3 Lagen umwickelt ist.
4. Mit dem zweiten Feta-Käse genauso verfahren. Nun beide Käsepäckchen rundherum mit Butter bestreichen und mit Sesam bestreuen.
5. Garkorb des Airfryers mit Backpapier auslegen. Käsepäckchen darauf platzieren und bei 180 °C etwa 15 Minuten goldbraun backen.
6. Käse auf Tellern anrichten, mit Honig beträufeln und mit Dill dekoriert servieren.

Knusprige Kartoffelbällchen

FÜR 3 PORTIONEN • ZUBEREITUNGSZEIT: 45 MINUTEN • BACKZEIT: 10 MINUTEN

ZUTATEN:

500 g mehligkochende Kartoffeln
2 Eier (Größe M)
2 EL Speisestärke
Salz
Pfeffer
Muskat
60 g Paniermehl
Rapsöl zum Besprühen

Zusätzlich: Kartoffelpresse oder Kartoffelstampfer

1. Kartoffeln mit Schale gar kochen. Anschließend abgießen und ausdampfen lassen. Kartoffeln durch eine Kartoffelpresse drücken oder mit einem Kartoffelstampfer fein stampfen.
2. Eier trennen. Kartoffeln mit Eigelb und Speisestärke vermengen. Mit Salz, Pfeffer und Muskat abschmecken.
3. Aus der Masse walnussgroße Bällchen formen. Bällchen anschließend in Eiweiß tauchen und dann in Paniermehl wenden.
4. Kartoffelbällchen mit Rapsöl besprühen. Im Garkorb des Airfryers bei 200 °C etwa 8 bis 10 Minuten goldbraun backen.

MADE STYLE

Mozzarella-Nektarinen-Crostini

FÜR 8 STÜCK • ZUBEREITUNGSZEIT: 20 MINUTEN • BACKZEIT: 6 MINUTEN

ZUTATEN:

- ½ Baguette (etwa 160 g)
- 2 Plattnektarinen oder 1 Nektarine
- 8 getrocknete Tomaten (in Öl eingelegt)
- 150 g Mini-Büffelmozzarella
- ½ Bund Schnittlauch

1. Baguette in 8 gleich große Scheiben schneiden.
2. Nektarine in Spalten vom Stein schneiden. Getrocknete Tomaten je nach Größe halbieren oder vierteln. Baguettescheiben mit Tomaten belegen.
3. Büffelmozzarella grob zerzupfen. Schnittlauch in feine Röllchen schneiden.
4. Baguette mit Mozzarella und Nektarinen belegen.
5. Im Airfryer bei 180 °C etwa 5 bis 6 Minuten überbacken. Mit Schnittlauch bestreut servieren.

Zucchini-Hirse-Küchlein

FÜR 12 STÜCK • ZUBEREITUNGSZEIT: 40 MINUTEN • BACKZEIT: 20 MINUTEN

Zutaten für die Küchlein:

- 100 g feinkörnige Hirse
- 350 ml Gemüsebrühe
- 200 g Zucchini
- 2 Knoblauchzehen
- 1 rote Zwiebel
- ½ Bund Petersilie
- 50 g Parmesan oder Alternative
- 150 g Ricotta
- 2 Eier (Größe M)
- 100 g Panko
- Salz
- Pfeffer
- Muskat
- Rapsöl zum Besprühen

Zutaten für den Salat:

- 500 g bunte Kirschtomaten
- ½ Salatgurke
- ½ Bund Schnittlauch
- 2 EL Olivenöl
- 2 EL Aceto Balsamico
- Salz
- Pfeffer
- 1 Prise Zucker

Zusätzlich: Gemüsereibe, Backpapier

1. Für die Küchlein Hirse mit Gemüsebrühe in einen Topf geben und zum Kochen bringen. Anschließend bei kleiner Hitze und geschlossenem Deckel 15 Minuten quellen lassen. Eventuell überschüssiges Wasser abgießen. Hirse lauwarm auskühlen lassen.
2. Zucchini mit einer Gemüsereibe grob raspeln. Knoblauch und Zwiebel schälen und mit der Petersilie fein hacken. Parmesan fein reiben.
3. Hirse, Zucchini, Knoblauch, Zwiebeln, Petersilie, Parmesan und Ricotta in eine Schüssel geben. Eier und Panko hinzugeben und zu einem festen Teig verkneten. Mit Salz, Pfeffer und Muskat kräftig abschmecken.
4. Aus der Masse 12 gleich große Küchlein formen. Garkorb des Airfryers mit Backpapier auslegen. Küchlein in den Garkorb legen und beidseitig mit Rapsöl besprühen.
5. Bei 180 °C 20 Minuten goldbraun backen.
6. Für den Salat in der Zwischenzeit die Tomaten halbieren und die Gurke in dünne Scheiben schneiden. Schnittlauch in feine Röllchen schneiden.
7. Tomaten, Gurke und Schnittlauch in eine Schüssel geben. Olivenöl und Aceto Balsamico vermischen. Dressing unter den Salat mischen. Mit Salz, Pfeffer und Zucker würzen.
8. Salat mit Zucchini-Hirse-Küchlein servieren und genießen.

Tipp:

Die Zucchini-Hirse-Küchlein sind nach dem Backen etwas weicher in der Konsistenz. Leicht abgekühlt werden sie fester und schmecken auch kalt ganz wunderbar.

Koreanische Frischkäse-Brötchen mit Petersilienbutter

FÜR 4 STÜCK • ZUBEREITUNGSZEIT: 50 MINUTEN • RUHEZEIT: 90 MINUTEN • BACKZEIT: 17 MINUTEN

Zutaten für die Brötchen:

1 TL Trockenhefe
120 ml lauwarmes Wasser
½ TL Zucker
½ TL Salz
225 g Dinkelmehl (Type 630)

Zutaten für die Frischkäse-Creme:

2 getrocknete Tomaten
1 kleine rote Chilischote
¼ Bund Petersilie
100 g Frischkäse
Salz
Pfeffer

Zutaten für die Petersilienbutter:

2 Knoblauchzehen
¼ Bund Petersilie
40 g geschmolzene Butter
1 Eigelb (Größe M)
Salz
Pfeffer

Zusätzlich: Backpapier, Spritztülle

1. Trockenhefe, Wasser, Zucker, Salz und Dinkelmehl in einer Schüssel zu einem geschmeidigen Teig verkneten. Abgedeckt an einem warmen Ort 60 Minuten gehen lassen.
2. In der Zwischenzeit Tomaten, Chilischote und Petersilie fein hacken (dabei die Petersilie für die Petersilienbutter gleich mithacken und beiseitestellen). In den Frischkäse rühren, bis die Masse schön cremig ist. Mit Salz und Pfeffer abschmecken.
3. Hefeteig auf einer leicht bemehlten Arbeitsfläche in 4 gleich große Stücke teilen. Zu Brötchen formen und anschließend erneut 30 Minuten gehen lassen.
4. Den Garkorb des Airfryers mit Backpapier auslegen. Brötchen mit etwas Abstand zueinander hineingeben. Bei 180 °C etwa 10 Minuten goldbraun backen. Brötchen nach dem Backen vollständig auskühlen lassen.
5. Ausgekühlte Brötchen mit einem scharfen Messer kreuzweise ein-, aber nicht ganz durchschneiden.
6. Frischkäse-Creme in einen Spritzbeutel ohne Tülle füllen. Brötchen mit der Creme füllen.
7. Knoblauch schälen und fein hacken. Gehackte Petersilie, geschmolzene Butter, Knoblauch und Eigelb miteinander vermischen. Mit Salz und Pfeffer abschmecken. Brötchen mit der Petersilienbutter bestreichen.
8. Brötchen erneut in den mit Backpapier ausgelegten Garkorb setzen und bei 180 °C weitere 5 bis 7 Minuten goldbraun backen.

Quesadillas

FÜR 4 STÜCK • ZUBEREITUNGSZEIT: 30 MINUTEN • BACKZEIT: 6 MINUTEN

ZUTATEN:

- 1 rote Zwiebel
- 2 Knoblauchzehen
- 2 EL Rapsöl
- 400 g Kidneybohnen (Abtropfgewicht 250 g)
- 150 g Mais (Abtropfgewicht 140 g)
- 100 g passierte Tomaten
- 1 TL Paprikapulver edelsüß
- ½ TL Cayennepfeffer
- Pfeffer
- Salz
- ½ TL Zucker
- ½ TL Kreuzkümmel
- 4 Tortilla-Fladen
- 200 g Kirschtomaten
- 100 g geriebener Gouda
- Rapsöl zum Besprühen

Zutaten für den Tomaten-Avocado-Salat:

- 200 g Kirschtomaten
- 1 Avocado
- ¼ Bund Koriander
- Saft von ½ Limette
- Salz
- Pfeffer

1. Zwiebel und Knoblauch schälen und fein hacken. Rapsöl in einer Pfanne erhitzen. Zwiebeln und Knoblauch darin 2 Minuten glasig andünsten.
2. Kidneybohnen, Mais und passierte Tomaten hinzugeben. Mit Paprikapulver, Cayennepfeffer, Pfeffer, Salz, Zucker und Kreuzkümmel abschmecken. Bei kleiner Hitze kurz köcheln lassen.
3. Für den Salat die Tomaten klein würfeln. Avocado halbieren, entkernen und klein würfeln. Koriander fein hacken. Tomaten, Avocado und Koriander in eine Schüssel geben.
4. Gut vermengen und mit Limettensaft, Salz und Pfeffer abschmecken. Bis zur Verwendung im Kühlschrank lagern.
5. Tortilla-Fladen auf ein Küchenbrett legen. Jeden Tortilla-Fladen mit einem scharfen Messer vom Rand bis zur Mitte einschneiden. Tomaten halbieren. Kidneybohnen, halbierte Tomaten und Käse auf den Wraps verteilen.
6. Wraps wie eine Eistüte zusammenklappen und mit Rapsöl besprühen. Im Airfryer bei 200 °C etwa 6 Minuten goldbraun backen.
7. Nach dem Backen mit dem Tomaten-Avocado-Salat servieren und genießen.

Getrocknete Tomaten in Öl

FÜR 1 KLEINES GLAS • ZUBEREITUNGSZEIT: 20 MINUTEN • BACKZEIT: 25–30 MINUTEN

ZUTATEN:

300 g Tomaten
2 Knoblauchzehen
1 Zweig Rosmarin
250 ml Olivenöl

Zusätzlich: kleines Einmachglas

1. Tomaten in 0,5 mm dünne Scheiben schneiden. Tomaten auf dem Rost des Airfryers verteilen. Dabei sollten sich die Scheiben nicht überlappen.
2. Tomaten bei 120 °C im Airfryer etwa 25 bis 30 Minuten trocknen. (Je nach Größe des Airfryers muss eventuell in mehreren Etappen getrocknet werden! Hierbei reduziert sich die Backzeit um etwa 2 bis 3 Minuten)
3. Tomaten nach dem Trocknen vollständig auskühlen lassen. Die Tomaten können direkt weiterverarbeitet werden.
4. Knoblauchzehen schälen und in Scheiben schneiden.
5. Tomaten in ein sauberes Einmachglas füllen. Knoblauch und Rosmarinzweig hinzugeben. Mit Olivenöl aufgießen. Luftdicht und kühl gelagert halten sich die Tomaten mehrere Monate.

Tipp:

Das Öl der Tomaten eignet sich auch hervorragend für die Zubereitung von Salatsoßen oder zum Dippen von Brot.

Spitzkohl-Manchurian

FÜR 15 STÜCK • ZUBEREITUNGSZEIT: 35 MINUTEN • BACKZEIT: 18 MINUTEN

Zutaten für die Bällchen:

- 1 kleine Karotte
- 200 g Spitzkohl
- 1 kleine Zwiebel
- 1 Knoblauchzehe
- ½ daumendickes Stück Ingwer
- ½ - 1 rote Chilischote
- 30 g Dinkelmehl (Type 630)
- 1 Ei (Größe L)
- ¼ TL Kreuzkümmel, gemahlen
- Salz
- Pfeffer
- Rapsöl zum Besprühen

Zutaten für die Soße:

- 1 Knoblauchzehe
- ½ daumendickes Stück Ingwer
- 1 EL Rapsöl
- 3 EL Ketchup
- 2 EL Sojasoße
- 2 EL Süßsauer-Soße
- 4 EL Wasser

Zusätzlich: Gemüsereibe

1. Karotte schälen. Spitzkohl von den harten Blattrippen befreien. Beides mit einer Gemüsereibe fein raspeln.
2. Zwiebel und Knoblauch schälen. Zusammen mit Ingwer und Chili fein hacken. Dabei den Knoblauch und den Ingwer für die Soße gleich mithacken und zur Seite stellen.
3. Geriebene Karotte, Spitzkohl, Zwiebel, die Hälfte des Knoblauchs und des Ingwers sowie die Chili in eine Schüssel geben.
4. Dinkelmehl und Ei hinzugeben. Mit Kreuzkümmel, Salz und Pfeffer abschmecken. Masse gut verkneten, bis alles miteinander vermischt ist.
5. Aus der Masse 15 gleich große Bällchen formen, dabei die Masse fest zusammendrücken. Bällchen auf den Rost des Airfryers legen. Beidseitig mit Öl besprühen.
6. Bei 180 °C etwa 15 bis 18 Minuten im Airfryer goldbraun backen.
7. Für die Soße den restlichen gehackten Knoblauch und Ingwer in Rapsöl 2 Minuten glasig andünsten.
8. Mit Ketchup, Sojasoße, Süßsauer-Soße und Wasser ablöschen. Bei mittlerer Hitze 2 bis 3 Minuten leicht dicklich einkochen lassen. Nach Belieben mit Salz und Pfeffer abschmecken.
9. Gemüsebällchen kurz vor dem Servieren in die Soße geben und genießen.

Pizzaschnecken

FÜR 10 STÜCK • ZUBEREITUNGSZEIT: 25 MINUTEN • BACKZEIT: 10 MINUTEN

ZUTATEN:

400 g Pizzateig (Kühlregal)
2 Knoblauchzehen
1 rote Zwiebel
1 Spitzpaprika
100 g Champignons
2 EL Rapsöl
125 g Passata
¼ TL Zucker
Salz
Pfeffer
½ TL italienische Kräuter
4 Stängel Petersilie

Zusätzlich: Backpapier

1. Pizzateig auf einer Arbeitsfläche ausrollen.
2. Knoblauch und Zwiebel schälen und fein hacken. Spitzpaprika halbieren, das Kerngehäuse entfernen und klein würfeln. Champignons putzen und würfeln.
3. Rapsöl in einer Pfanne erhitzen. Knoblauch und Zwiebeln darin bei mittlerer Hitze 2 Minuten glasig andünsten. Paprika und Champignons hinzugeben und weitere 3 Minuten anbraten.
4. Mit Passata ablöschen und mit Zucker, Salz, Pfeffer und italienischen Kräutern abschmecken. Auskühlen lassen.
5. Ausgekühlte Füllung gleichmäßig auf dem Pizzateig verstreichen, dabei einen 1 cm breiten Rand rundherum frei lassen. Teig von der langen Seite her eng aufrollen.
6. Teig mit einem scharfen Messer in 10 gleich große Teile schneiden. Garkorb des Airfryers mit Backpapier auslegen. Teigschnecken darauf verteilen und bei 180 °C etwa 8 bis 10 Minuten goldbraun backen.
7. In der Zwischenzeit Petersilie grob hacken. Schnecken nach dem Backen auf einem Kuchengitter auskühlen lassen. Mit gehackter Petersilie bestreut genießen.

Tipp:

Je nach Größe des Airfryers muss in zwei Etappen gebacken werden. Die Backzeit nach dem ersten Backvorgang eventuell um etwa 2 Minuten reduzieren.

Kürbis-Fritten

FÜR 3 PORTIONEN • ZUBEREITUNGSZEIT: 35 MINUTEN • BACKZEIT: 25 MINUTEN

ZUTATEN:

600 g Hokkaido-Kürbis
1 gestrichener EL Speisestärke
3 EL Rapsöl
½ TL Paprikapulver
½ TL Knoblauchpulver
Salz
Pfeffer

1. Kürbis putzen, halbieren und in 1 cm dicke Spalten schneiden. Anschließend mit Speisestärke ummanteln.
2. Öl mit Paprika- und Knoblauchpulver vermengen. Gewürzöl mit den Fritten vermischen und mit Salz und Pfeffer abschmecken.
3. Fritten im Garkorb des Airfryers verteilen. Dabei darauf achten, dass sich die Kürbis-Pommes nicht überlappen.
4. Bei 190 °C etwa 20 bis 25 Minuten backen. Nach der Hälfte der Backzeit den Garkorb schütteln, damit alle Fritten gleichmäßig braun werden.

Reispapier-Dumplings

FÜR 4 STÜCK • ZUBEREITUNGSZEIT: 25 MINUTEN • BACKZEIT: 10 MINUTEN

ZUTATEN:

200 g Naturtofu
1 große Karotte
2 Frühlingszwiebeln
2 Knoblauchzehen
20 g Ingwer
3 Mini-Pak-Choi
2 EL Rapsöl
3 EL dunkle Sojasoße
2 EL Ketjap Manis (süße Sojasoße)
½–1 TL Chiliflocken
8 Blatt Reispapier
Rapsöl zum Besprühen
2 TL Sesam

Optional: Sojasoße, süße Chilisoße

1. Tofu grob zerkrümeln. Karotte schälen und in feine Stifte schneiden. Frühlingszwiebeln in feine Ringe schneiden. Knoblauch und Ingwer fein hacken. Pack Choi in Streifen schneiden.
2. Rapsöl in einer Pfanne erhitzen. Tofu, Knoblauch und Ingwer darin 2 Minuten bei mittlerer Hitze andünsten. Karotte, Frühlingszwiebeln und Pak Choi hinzugeben und weitere 3 Minuten anbraten. Sojasoße und Ketjap Manis hinzugeben und mit Chiliflocken abschmecken.
3. Warmes Wasser in einer flachen Schüssel bereitstellen. Je ein Blatt Reispapier kurz darin eintauchen und auf einer Arbeitsfläche auslegen.
4. Reispapier mittig mit ¼ der Füllung belegen. Ecken über die Füllung klappen. Päckchen mit einem weiteren eingeweichten Blatt Reispapier umwickeln und zur Seite legen.
5. Mit den anderen Blättern Reispapier genauso verfahren, bis 4 Reispapier-Dumplings entstanden sind.
6. Dumplings beidseitig mit Rapsöl besprühen und mit Sesam bestreuen. In den Garkorb des Airfryers legen und bei 200 °C etwa 10 Minuten backen. Nach der Hälfte der Backzeit wenden.
7. Dumplings nach Belieben mit Sojasoße oder süßer Chilisoße servieren und genießen.

Teriyaki-Kräuterseitlinge

FÜR 2 PORTIONEN • ZUBEREITUNGSZEIT: 15 MINUTEN • BACKZEIT: 7 MINUTEN

ZUTATEN:

200 g Kräuterseitlinge
4 EL Teriyaki-Soße
1 TL Sesam
1 Blatt Rotkohl
1 Frühlingszwiebel

1. Kräuterseitlinge putzen und je nach Größe längs halbieren oder vierteln. Schnittflächen mit einem scharfen Messer gitterförmig einschneiden.
2. Pilze rundherum mit Teriyaki-Soße bestreichen. Schnittflächen mit Sesam bestreuen.
3. Marinierte Kräuterseitlinge je nach Größe im Airfryer bei 180 °C etwa 6 bis 7 Minuten rösten.
4. In der Zwischenzeit Rotkohl in dünne Streifen schneiden. Frühlingszwiebel schräg in dünne Ringe schneiden.
5. Kräuterseitlinge mit Rotkohl und Frühlingszwiebeln dekoriert servieren.

Linsen-Karotten-Bällchen

FÜR 16 STÜCK • ZUBEREITUNGSZEIT: 45 MINUTEN • BACKZEIT: 18 MINUTEN

ZUTATEN:

- 1 rote Zwiebel
- 2 Knoblauchzehen
- 1 Karotte (80 g)
- 1 EL Rapsöl
- 150 g gelbe Linsen
- ½ Bund Petersilie
- 100 g Semmelbrösel
- 1 TL Ras el Hanout (Gewürz)
- 1 TL Currypulver
- Salz
- Pfeffer
- Rapsöl zum Besprühen

1. Zwiebel und Knoblauch schälen und fein hacken. Karotte schälen und fein raspeln. Rapsöl in einem Topf erhitzen. Zwiebeln und Knoblauch darin 2 Minuten andünsten. Karotten und Linsen hinzugeben und kurz mit andünsten.
2. Mit 400 ml Wasser ablöschen und zum Kochen bringen. Anschließend abgedeckt bei kleiner Hitze 20 Minuten köcheln lassen.
3. Linsen in einen Mixer geben und fein pürieren. Kurz auskühlen lassen. Anschließend Petersilie fein hacken. Linsen mit Petersilie und Semmelbröseln zu einer knetbaren Masse vermengen. Mit Ras el Hanout, Currypulver, Salz und Pfeffer abschmecken.
4. Aus der Masse 16 walnussgroße Bällchen formen. Linsenbällchen in den Garkorb des Airfryers legen. Mit Rapsöl besprühen und bei 180 °C etwa 15 bis 18 Minuten goldbraun backen.

Tipp:

Besonders lecker schmecken die Linsen-Karotten-Bällchen mit Sriracha-Mayo. Sriracha-Mayo ist eine Kombination aus einer scharfen Chilisoße und Mayonnaise. Diese kann man im Asia-Laden kaufen.

Tomaten-Paprika-Soße

FÜR 2 GLÄSER À 290 ML • ZUBEREITUNGSZEIT: 15 MINUTEN • BACKZEIT: 20 MINUTEN

ZUTATEN:

500 g Tomaten
200 g Spitzpaprika
1 rote Chilischote
1 rote Zwiebel
4 Knoblauchzehen
2 Zweige Rosmarin
2 Zweige Thymian
3 EL Olivenöl
Salz
Pfeffer
1 TL Zucker

Zusätzlich: Backpapier

1. Tomaten und Spitzpaprika halbieren. Spitzpaprika entkernen und grob zerkleinern.
2. Chilischote halbieren, entkernen und grob hacken.
3. Zwiebel und Knoblauch schälen und halbieren.
4. Frittierkorb des Airfryers mit Backpapier auslegen.
5. Tomaten, Spitzpaprika, Chili, Knoblauch, Zwiebeln, Rosmarin- und Thymianzweige in den Airfryer legen.
6. Mit Olivenöl beträufeln und mit Salz bestreuen. Bei 200 °C etwa 20 Minuten garen.
7. Gemüse anschließend etwas auskühlen lassen. In einen Mixer geben und fein pürieren. Mit Salz, Pfeffer und Zucker abschmecken.
8. Soße in saubere Schraubgläser füllen und bis zur Verwendung im Kühlschrank kaltstellen.

Tipp:

Mit Kokosmilch oder Sahne verfeinert wird aus der Soße eine köstliche Suppe.

Zucchini-Hack-Frikadellen mit Feta

FÜR 6 STÜCK • ZUBEREITUNGSZEIT: 15 MINUTEN • BACKZEIT: 12 MINUTEN

ZUTATEN:

1 rote Zwiebel
2 Knoblauchzehen
½ Bund Dill
150 g Zucchini
100 g Feta
250 g frisches Sojahack (Kühlregal)
Salz
Pfeffer
1 TL getrockneter Oregano, gerebelt
1 TL getrockneter Thymian
1 TL Paprikapulver edelsüß

1. Zwiebel und Knoblauch schälen. Mit Dill fein hacken. Zucchini grob raspeln. Feta in 6 gleich große Stücke schneiden.
2. Sojahack in eine Schüssel geben. Zwiebel, Knoblauch, Dill und Zucchini hinzugeben. Mit Salz, Pfeffer, Oregano, Thymian und Paprika abschmecken.
3. Aus der Masse 6 gleich große Bällchen formen. In die Mitte je ein Stück Feta drücken und das Loch gut verschließen.
4. Bei 200 °C im Airfryer etwa 10 bis 12 Minuten backen. Nach der Hälfte der Zeit wenden.

Leckere Sattmacher

Pizza bianca

FÜR 2 PIZZEN • ZUBEREITUNGSZEIT: 35 MINUTEN • RUHEZEIT: 1 STUNDE • BACKZEIT: 10 MINUTEN PRO PIZZA

Zutaten für den Hefeteig:

¼ Päckchen Trockenhefe
150 g Dinkelmehl (Type 630)
½ TL Salz
¼ TL Zucker
75 ml lauwarmes Wasser
2 EL Olivenöl

Zutaten für den Belag:

1 kleine rote Zwiebel
1 Knoblauchzehe
100 g Champignons
100 g Camembert
100 g Schmand
Salz
Pfeffer
1 TL getrockneter Oregano, gerebelt
2 TL Sesam

Zusätzlich: Backpapier

1. Für den Hefeteig Trockenhefe, Dinkelmehl, Salz und Zucker in einer Schüssel vermischen. Lauwarmes Wasser und Öl hinzugeben und zu einem geschmeidigen Teig verkneten. Zugedeckt an einem warmen Ort für eine Stunde gehen lassen.
2. Zwiebel und Knoblauch schälen. Zwiebel in Ringe schneiden und Knoblauch fein hacken. Champignons und Camembert in Scheiben schneiden.
3. Knoblauch und Schmand cremig rühren. Mit Salz und Pfeffer abschmecken.
4. Teig auf einer bemehlten Arbeitsfläche in 2 gleich große Stücke teilen. Jeweils zu Pizzen à ø 20 cm formen.
5. Frittierkorb des Airfryers mit Backpapier auslegen.
6. Jede Pizza mit der Schmand-Creme bestreichen. Anschließend mit Zwiebeln, Champignons und Camembert belegen. Mit Oregano und Sesam bestreut bei 200 °C etwa 8 bis 10 Minuten im Airfryer goldbraun backen.

Champignon-Arancini

FÜR 4 STÜCK • ZUBEREITUNGSZEIT: 45 MINUTEN • KÜHLZEIT: ETWA 1 STUNDE • BACKZEIT: 20 MINUTEN

ZUTATEN:

- 2 Zwiebeln
- 2 Knoblauchzehen
- 1 EL Butter
- 150 g Risotto-Reis
- 500 ml heiße Gemüsebrühe
- 50 g Parmesan oder Alternative
- Pfeffer
- 100 g Champignons
- ¼ Bund Petersilie
- 1 EL Rapsöl
- Salz
- 1 Ei (Größe M)
- 2 EL Milch
- 2 EL Mehl
- 40 g Semmelbrösel
- Rapsöl zum Besprühen

Tipp:

Reisbällchen nach Belieben mit der Tomaten-Paprika-Soße von Seite 76 genießen.

1. Zwiebeln und Knoblauch schälen und fein hacken. Butter in einem Topf erhitzen. Die Hälfte der Zwiebeln und Knoblauch darin 2 Minuten glasig andünsten. Risotto einrühren und kurz mit anschwitzen.
2. Mit etwas Gemüsebrühe ablöschen, sodass der Reis bedeckt ist. Bei kleiner Hitze köcheln lassen. Dabei gelegentlich umrühren.
3. Sobald die Flüssigkeit verkocht ist, erneut Brühe nachgießen. Diesen Vorgang so lange wiederholen, bis die Flüssigkeit vollständig aufgebraucht und der Reis gar ist. Das dauert etwa 20 bis 25 Minuten.
4. Parmesan fein reiben und unter das Risotto rühren. Mit Pfeffer abschmecken. Risotto auf einem flachen Teller verstreichen und vollständig auskühlen lassen.
5. Champignons klein würfeln. Petersilie fein hacken. Rapsöl in einer Pfanne erhitzen. Restliche Zwiebeln und Knoblauch darin 2 Minuten anbraten. Champignons hinzugeben und weitere 2 Minuten anrösten. Petersilie unterrühren. Mit Salz und Pfeffer abschmecken.
6. Aus dem Risotto 4 gleich große Bällchen formen. In die Mitte ein Loch drücken und vorsichtig mit der Champignon-Mischung füllen. Bällchen verschließen und zur Seite legen.
7. Ei mit Milch verquirlen. Bällchen erst in Mehl, anschließend in verquirltem Ei und Semmelbröseln wenden.
8. Arancini im Airfryer vollflächig mit Öl besprühen. Bei 180 °C etwa 18 bis 20 Minuten goldbraun backen. Nach der Hälfte der Backzeit wenden.

Austernpilz-Burger

FÜR 4 PORTIONEN • ZUBEREITUNGSZEIT: 30 MINUTEN • BACKZEIT: 12 MINUTEN

ZUTATEN:

- 200 g Austernpilze
- 2 Knoblauchzehen
- 2 Eier (Größe M)
- 6 EL Sojasoße
- 3 TL Crispy-Chili-Öl (Asia-Laden)
- Pfeffer
- 4 EL Dinkelmehl (Type 630)
- 80 g Panko
- Rapsöl zum Besprühen
- 2 Blätter Rotkohl
- 1 Frühlingszwiebel
- 4 Stängel Koriander
- 4 EL Mayonnaise
- 4 Burger-Brötchen

1. Austernpilze putzen. Mit dem Messerrücken flach drücken. Knoblauch schälen und fein hacken.
2. Eier mit Knoblauch, Sojasoße und 2 TL Crispy-Chili-Öl verquirlen. Mit Pfeffer abschmecken.
3. Austernpilze erst in Mehl, dann in der Eimischung und abschließend in Panko wälzen. Panierte Austernpilze beidseitig mit Rapsöl besprühen.
4. Im Airfryer bei 180 °C etwa 8 bis 10 Minuten goldbraun backen. Nach der Hälfte der Backzeit wenden.
5. In der Zwischenzeit den Rotkohl in feine Streifen schneiden. Frühlingszwiebel in feine Ringe schneiden. Korianderblätter abzupfen.
6. Mayonnaise mit 1 TL Crispy-Chili-Öl vermischen. Burger-Brötchen halbieren und 1-2 Minuten bei 180 °C im Airfryer erwärmen.
7. Untere Brötchenhälften mit Mayonnaise bestreichen. Mit Rotkohl belegen. Darauf panierte Austernpilze legen, mit Frühlingszwiebeln und Koriander bestreuen und mit der oberen Brötchenhälfte toppen.

Tipp:

Austernpilze nicht waschen, da sie matschig werden und ihr Aroma verlieren. Mit einer weichen Gemüsebürste oder einem Geschirrtuch lässt sich anhaftende Erde ganz leicht entfernen.

Dutch Baby (Ofenpfannkuchen)

FÜR 2 PORTIONEN • ZUBEREITUNGSZEIT: 20 MINUTEN • BACKZEIT: 12 MINUTEN

ZUTATEN:

50 g Dinkelmehl (Type 630)
2 Eier (Größe M)
75 ml Milch
¼ TL Salz
½ EL Butterschmalz
1 kleine rote Zwiebel
1 Knoblauchzehe
125 g Champignons
100 g Kirschtomaten
1 EL Rapsöl
50 g Spinat
1 Zweig Dill
1 Stängel Basilikum

Zusätzlich: Backform (ø 20 cm)

1. Mehl, Eier, Milch und Salz klümpchenfrei verrühren.
2. Backform auf den Rost des Airfryers stellen. Bei 200 °C 3 Minuten erhitzen. Butterschmalz hinzugeben und eine weitere Minute erhitzen, bis das Fett geschmolzen und heiß ist.
3. Den Teig in die heiße Form gießen und 8 Minuten backen. In der Zwischenzeit Zwiebel und Knoblauch schälen und fein hacken. Champignons je nach Größe halbieren oder vierteln. Kirschtomaten halbieren.
4. Rapsöl in einer Pfanne erhitzen. Zwiebeln und Knoblauch darin 2 Minuten glasig andünsten. Champignons und Kirschtomaten hinzugeben und weitere 5 Minuten anbraten. Spinat hinzugeben, bis er leicht in sich zusammenfällt.
5. Mit Salz und Pfeffer abschmecken. Dill fein hacken. Basilikumblätter abzupfen.
6. Dutch Baby aus dem Airfryer nehmen und mit dem Gemüse belegen. Mit gehacktem Dill und Basilikumblättern dekorieren und sofort genießen.

Tipp:

Die Pfanne und das Fett müssen sehr heiß sein, sonst geht der Pfannkuchen nicht auf.

Tipp:

Für einen veganen Schnitzelgenuss die Milch gegen Pflanzendrink tauschen.

Brezel-Blumenkohl-schnitzel mit Gurkensalat

FÜR 4 PORTIONEN • ZUBEREITUNGSZEIT: 50 MINUTEN • BACKZEIT: 8 MINUTEN JE VORGANG

Zutaten für die Schnitzel:

140 g Mini-Sesambrezeln
600 g Blumenkohl
Salz
Pfeffer
2 Knoblauchzehen
3 EL Olivenöl
2 TL Paprikapulver edelsüß
80 g Weizenmehl (Type 405)
150 ml Milch
Rapsöl zum Besprühen

Zutaten für den Gurkensalat:

1 Salatgurke
1 rote Zwiebel
½ Bund Schnittlauch
1 EL Aceto Bianco
¼ TL Zucker
6 EL Sahne
Zitronenspalten

Zusätzlich: Mixer oder Multizerkleinerer, Gemüsehobel

1. Brezeln in einem Mixer oder Multizerkleinerer mittelfein zermahlen.
2. Blumenkohl putzen und in 2 cm dicke Scheiben schneiden. Den Kohl, der sich nicht in große Scheiben schneiden lässt, in flache Röschen schneiden.
3. Blumenkohl in Salzwasser 2 bis 3 Minuten blanchieren. Anschließend in Eiswasser abschrecken. Auf einem Küchentuch trocken tupfen, salzen und pfeffern.
4. Knoblauch schälen und fein hacken. Olivenöl mit Knoblauch, Paprika, Salz und Pfeffer vermischen.
5. Blumenkohl rundherum mit der Marinade bestreichen. Mehl und Milch klümpchenfrei verrühren.
6. Blumenkohlschnitzel erst in der Mehl-Milch-Mischung wenden, anschließend in den Brezelbröseln panieren.
7. Schnitzel beidseitig mit Rapsöl besprühen. Bei 200 °C etwa 8 Minuten im Airfryer goldbraun backen. Nach der Hälfte der Backzeit wenden.
8. In der Zwischenzeit die Gurke in sehr feine Scheiben hobeln. Zwiebel schälen, halbieren und in dünne Halbringe schneiden. Schnittlauch in feine Röllchen schneiden.
9. Gurke, Zwiebel und Schnittlauch in einer Schüssel miteinander vermengen. Aceto Bianco, Zucker und Sahne in einer kleinen Schüssel vermischen. Dressing unter den Gurkensalat rühren und mit Salz und Pfeffer abschmecken.
10. Blumenkohlschnitzel mit Gurkensalat und Zitronenspalten servieren und genießen.

Veggie-Burger

FÜR 2 PORTIONEN • ZUBEREITUNGSZEIT: 20 MINUTEN • BACKZEIT: 12 MINUTEN

ZUTATEN:

- 1 rote Zwiebel
- 2 Knoblauchzehen
- ½ Bund Petersilie
- 250 g frisches Sojahack (Kühlregal)
- Salz
- Pfeffer
- 1 TL getrockneter Oregano, gerebelt
- 1 TL getrockneter Thymian
- 1 TL Paprikapulver edelsüß
- 2 TL Ajvar
- 1 Tomate
- 1 Mini-Gurke
- 2 Burger-Brötchen
- 2 EL Mayonnaise
- 2 Blätter Salat
- 2 Scheiben Bergkäse
- 2 EL Röstzwiebeln

1. Zwiebel und Knoblauch schälen. Mit Petersilie fein hacken.
2. Sojahack in eine Schüssel geben. Zwiebel, Knoblauch und Petersilie hinzugeben. Mit Salz, Pfeffer, Oregano, Thymian, Paprika und Ajvar abschmecken. Aus der Masse zwei gleich große Pattys formen.
3. Bei 200 °C im Airfryer etwa 10 bis 12 Minuten backen. Nach der Hälfte der Zeit wenden.
4. In der Zwischenzeit Tomate und Gurke in Scheiben schneiden. Burger-Brötchen halbieren. Die untere Hälfte mit Mayonnaise bestreichen. Darauf je ein Blatt Salat und einen Patty legen.
5. Burger mit Käse, Tomaten, Gurken und Röstzwiebeln belegen. Mit dem Deckel abschließen und genießen.

Tipps:

Dazu passen die knusprigen Kartoffelbällchen von Seite 52. Die Burgerbrötchen nach Belieben bei 180 °C 1-2 Minuten im Airfryer erwärmen.

Spargel und Rosmarinkartoffeln mit Dip

FÜR 2 PORTIONEN • ZUBEREITUNGSZEIT: 30 MINUTEN • BACKZEIT: 18 MINUTEN

ZUTATEN:

350 g Drillinge
200 g grüner Spargel
2 Zweige Rosmarin
2 Knoblauchzehen
2 EL Olivenöl
Salz
rosa Pfefferbeeren

Zutaten für den Dip:

100 g Frischkäse
1 TL Ajvar
Salz
Pfeffer

1. Kartoffeln waschen, trocknen und je nach Größe halbieren oder vierteln. Kartoffeln für 30 Minuten in kaltes Wasser legen. Anschließend auf einem Küchentuch trocken tupfen.
2. Spargel von den holzigen Enden befreien. Rosmarinnadeln abzupfen. Knoblauch schälen und zusammen mit Rosmarin fein hacken.
3. Kartoffeln, Spargel, Knoblauch und Rosmarin in eine Schüssel geben. Mit Olivenöl vermischen und mit Salz und Pfefferbeeren abschmecken. Den Spargel herausnehmen und beiseitestellen.
4. Kartoffeln im Garkorb des Airfryers gleichmäßig verteilen. Bei 200 °C etwa 15 bis 18 Minuten knusprig backen. Nach der Hälfte der Backzeit den Spargel hinzugeben.
5. Für den Dip Frischkäse und Ajvar cremig rühren. Nach Belieben mit Salz und Pfeffer abschmecken.
6. Spargel und Rosmarinkartoffeln mit dem Dip servieren und genießen.

Grüne Gorgonzola-Spargel-Quiche

FÜR 4 PORTIONEN • ZUBEREITUNGSZEIT: 30 MINUTEN • KÜHLZEIT: 1 STUNDE • BACKZEIT: 30 MINUTEN

Zutaten für den Teig:

110 g Dinkelmehl (Type 630)
Salz
50 g kalte Butter
2 EL Wasser

Zutaten für den Belag:

250 g grüner Spargel
1 Knoblauchzehe
1 Schalotte
1 Zweig Estragon
50 g Gorgonzola
150 g Schmand
2 Eier (Größe M)
Pfeffer

Zusätzlich: ofenfeste Tarteform (ø 20 cm)

1. Mehl, Salz, Butter und Wasser zügig zu einem glatten Teig verkneten. Teig in eine Frischhaltedose legen und für eine Stunde im Kühlschrank kaltstellen.
2. Spargel von den holzigen Enden befreien. Salzwasser in einem Topf zum Kochen bringen. Spargel darin 5 Minuten garen. Anschließend in Eiswasser abschrecken.
3. Teig auf einer leicht bemehlten Arbeitsfläche oder zwischen zwei Lagen Backpapier auf die Größe der Form ausrollen. Teig in die Form geben. Boden mit einer Gabel mehrfach einstechen.
4. Für die Creme Knoblauch und Schalotte schälen. Beides mit Estragon fein hacken. Gorgonzola klein schneiden. Knoblauch, Schalotten, Estragon und Gorgonzola in eine Schüssel geben. Schmand und Eier hinzugeben und cremig rühren. Mit Salz und Pfeffer abschmecken.
5. Creme auf dem Teigboden verteilen. Abgetropften Spargel dekorativ auf die Creme legen.
6. Bei 150 °C im Airfryer etwa 25 bis 30 Minuten goldbraun backen.

Tipp:

½ TL Natron im Kochwasser sorgt dafür, dass der Spargel seine herrlich grüne Farbe behält. Keine Spargelsaison? Den Spargel kannst du auch ganz einfach durch 100 g TK-Erbsen ersetzen.

Tofu mit Kichererbsen und Brokkoli

FÜR 2 BIS 3 PORTIONEN • ZUBEREITUNGSZEIT: 40 MINUTEN • BACKZEIT: 25 MINUTEN

Zutaten für den Tofu:

- 200 g Naturtofu
- 400 g Kichererbsen (Abtropfgewicht 240 g)
- 2 Knoblauchzehen
- 1 daumendickes Stück Ingwer
- 3 EL Sojasoße
- 1 EL Sesamöl
- 2 TL Paprikapulver edelsüß
- 1 TL Harissa, gemahlen
- 2 TL Ahornsirup
- 2 TL Sesam
- 400 g TK-Brokkoli

Zutaten für die Soße:

- 2 gehäufte EL Erdnussbutter
- 1 EL Sojasoße
- 40 ml Kokosmilch

Zusätzlich: Backform für Airfryer

1. Tofu auf einem Küchentuch trocken tupfen. Anschließend in mundgerechte Würfel schneiden. Kichererbsen abtropfen lassen.
2. Knoblauch und Ingwer schälen und fein hacken. Beides mit Sojasoße, Sesamöl, Paprikapulver, Harissa, Ahornsirup und Sesam vermengen.
3. Tofu und Kichererbsen in eine große Schüssel geben und mit der Marinade vermengen. Für 30 Minuten marinieren lassen.
4. Tofu und Kichererbsen in den Garkorb des Airfryers geben und bei 200 °C etwa 10 bis 15 Minuten garen.
5. Brokkoli etwa 8 bis 10 Minuten bei 180 °C garen.
6. In der Zwischenzeit Erdnussbutter, Sojasoße und Kokosmilch bis zur gewünschten Konsistenz cremig rühren. Soße mit Tofu, Kichererbsen und Brokkoli genießen.

Korean Corn Dogs

FÜR 6 STÜCK • ZUBEREITUNGSZEIT: 40 MINUTEN • RUHEZEIT: 60 MINUTEN • BACKZEIT: 15 MINUTEN

Zutaten für den Teig:

200 g Dinkelmehl (Type 630)
1 TL Trockenhefe
1 TL Zucker
½ TL Salz
125 ml lauwarmes Wasser

Zutaten für die Füllung:

150 g Kartoffeln, vorwiegend festkochend
80 g Gouda
6 Mini Veggie-Würstchen
30 g Panko
½ TL Paprikapulver edelsüß
Rapsöl zum Besprühen

Optional: Sriracha-Mayonnaise, Ketchup, Senf

Zusätzlich: 6 Schaschlikspieße

1. Dinkelmehl, Trockenhefe, Zucker und Salz in einer Schüssel vermischen. Lauwarmes Wasser hinzugeben und zu einem Teig verkneten. (Achtung, der Teig ist sehr klebrig! Am besten mit einer Küchenmaschine arbeiten!) Teig abgedeckt an einem warmen Ort 60 Minuten gehen lassen.
2. Kartoffeln schälen und klein würfeln. Für 30 Minuten in kaltes Wasser legen. Anschließend das Wasser abgießen und die Kartoffeln mit einem Küchentuch trocken tupfen.
3. Gouda in 12 gleich große Stücke schneiden. Würstchen dritteln. Auf einen Schaschlikspieß abwechselnd Würstchen und Käse spießen.
4. Panko mit Paprikapulver und Kartoffeln vermischen.
5. Hefeteig in 6 gleich große Stücke teilen. Würstchenspieße vollständig mit dem Teig umhüllen. Teigspieße anschließend in der Panko-Kartoffel-Panade wälzen, dabei leicht andrücken.
6. Spieße beidseitig mit Öl besprühen. Im Airfryer bei 180 °C etwa 15 Minuten backen. Nach der Hälfte der Backzeit wenden.
7. Corn Dogs nach Belieben mit Sriracha-Mayonnaise, Ketchup oder Senf servieren und sofort genießen.

Tipp:

Für eine vegane Variante die Veggie-Würstchen und den Käse gegen eine pflanzliche Alternative tauschen.

Kartoffel-Tortilla-Quiche

FÜR 4 PORTIONEN • ZUBEREITUNGSZEIT: 20 MINUTEN • BACKZEIT: 15 MINUTEN

ZUTATEN:

- 1 Tortilla-Fladen
- 2 Knoblauchzehen
- ¼ Bund Dill
- 250 g Pellkartoffeln, vorgekocht und abgekühlt
- 2 EL Schmand
- 2 Eigelb (Größe M)
- 50 g geriebener Gouda
- Salz
- Pfeffer
- Muskat
- 150 g Kirschtomaten

Zusätzlich: Backform (ø 20 cm), Backpapier

1. Backform mit Backpapier auslegen oder fetten. Tortilla-Fladen vorsichtig in die Form drücken.
2. Knoblauch schälen und mit Dill fein hacken. Kartoffeln schälen und in 0,5 cm dicke Scheiben schneiden.
3. Schmand, Eigelb und geriebenen Käse verquirlen. Knoblauch und Dill hinzugeben und mit Salz, Pfeffer und Muskat abschmecken.
4. Kartoffelscheiben auf dem Tortilla-Fladen verteilen. Füllung gleichmäßig darübergeben.
5. Bei 150 °C etwa 15 Minuten im Airfryer goldbraun backen.
6. In der Zwischenzeit Tomaten halbieren.
7. Quiche nach dem Backen kurz auskühlen lassen. Mit den Tomaten dekorieren und genießen.

Loaded Fladenbrot

FÜR 2 PORTIONEN • ZUBEREITUNGSZEIT: 45 MINUTEN • BACKZEIT: 45 MINUTEN

ZUTATEN:

1 kg Hokkaido-Kürbis
1 kleine Zwiebel
2 Knoblauchzehen
1 daumendickes Stück Ingwer
1 EL Olivenöl
80 g rote Linsen
200 ml Gemüsebrühe
150 g Kirschtomaten
½ Fladenbrot
1 kleine Birne
½ TL Ras el Hanout (Gewürz)
Salz
Pfeffer
2 Zweige Dill

Zusätzlich: Backpapier

1. Garkorb des Airfryers mit Backpapier auslegen. Kürbis mit einem scharfen Messer halbieren. Kerngehäuse mit einem Löffel entfernen. Kürbishälften mit der Schnittfläche nach unten bei 200 °C im Airfryer etwa 35 bis 40 Minuten weich garen.
2. Nach dem Backen kurz auskühlen lassen. Kürbis grob zerkleinern, in einen Mixer geben und fein pürieren.
3. Kürbispüree in ein Glas füllen und bis zur Verwendung im Kühlschrank kaltstellen.
4. Zwiebel, Knoblauch und Ingwer schälen und fein hacken. Olivenöl in einem Topf erhitzen. Zwiebel, Knoblauch und Ingwer darin 2 Minuten glasig anschwitzen.
5. Linsen hinzugeben und kurz mit anschwitzen. Mit Gemüsebrühe aufgießen und abgedeckt bei kleiner Hitze 10 bis 12 Minuten weich garen.
6. In der Zwischenzeit Tomaten halbieren und Fladenbrot vierteln. Beides bei 200 °C etwa 5 Minuten im Airfryer rösten.
7. Birne halbieren, entkernen und klein würfeln. Linsen, 125 g Kürbispüree und Birne in einen Mixer geben und fein pürieren. Mit Rash el Hanout, Salz und Pfeffer abschmecken.
8. Fladenbrot großzügig mit Kürbis-Linsen-Dip bestreichen. Mit Tomaten und Dill belegen und genießen.

FRESH &
RECIPE

Coleslaw-Sandwich

FÜR 6 PORTIONEN • ZUBEREITUNGSZEIT: 45 MINUTEN • RUHEZEIT: 80 MINUTEN • BACKZEIT: 10 MINUTEN

Zutaten für die Buns:

- ½ Päckchen Trockenhefe
- 50 ml lauwarme Milch
- 1 TL Zucker
- ½ TL Salz
- 2 Eier (Größe M)
- 275 g Dinkelmehl (Type 630)
- 80 g weiche Butter
- 1 Eigelb (Größe M)
- 1 EL Milch
- 2 TL Sesam (geschält)

Zutaten für den Coleslaw:

- 400 g Spitzkohl
- 2 Karotten
- ½ TL Salz
- 1 Apfel
- 1 TL Zitronensaft
- ½ Bund Schnittlauch
- 2 EL Mayonnaise
- ¼ TL Kreuzkümmel
- Pfeffer
- ½ TL Zucker
- 2 hart gekochte Eier

Zusätzlich: Gemüsereibe, Backpapier

1. Für die Buns Trockenhefe und Milch in einer Schüssel vermischen. Zucker, Salz, Eier, Mehl und Butter hinzugeben und zu einem geschmeidigen Teig verkneten. Zugedeckt an einem warmen Ort 60 Minuten gehen lassen.
2. Für den Coleslaw den harten Strunk vom Spitzkohl entfernen. Anschließend mit der Gemüsereibe oder einem Messer in feine Streifen hobeln oder schneiden. Karotten schälen und grob raspeln.
3. Kohl und Karotten mit Salz in eine Schüssel geben und mit den Händen kräftig durchkneten. Den Apfel mit Schale grob raspeln und unter das Kraut mischen. Zitronensaft unterrühren.
4. Schnittlauch in feine Röllchen schneiden. Mayonnaise unter das Kraut rühren und mit Kreuzkümmel, Pfeffer und Zucker abschmecken.
5. Eier pellen und klein schneiden. Eier und Schnittlauch unter den Salat mischen und bis zur Verwendung im Kühlschrank kaltstellen.
6. Für die Buns Teig in 6 gleich große Stücke teilen. Aus jedem Teigling längliche Brötchen formen. Brötchen anschließend abgedeckt weitere 20 Minuten gehen lassen.
7. Eigelb mit Milch verquirlen. Garkorb des Airfryers mit Backpapier auslegen. Brötchen mit etwas Abstand zueinander in den Korb legen. Mit verquirltem Ei bestreichen und mit Sesam bestreuen.
8. Im Airfryer bei 180 °C etwa 10 Minuten goldbraun backen. Nach dem Backen auf einem Kuchengitter vollständig auskühlen lassen.
9. Buns auf der Oberseite längs halbieren und vorsichtig auseinanderziehen. Brötchen mit Coleslaw füllen und servieren.

Kürbis-Mango-Suppe

FÜR 4 PORTIONEN • ZUBEREITUNGSZEIT: 20 MINUTEN • BACKZEIT: 20 MINUTEN

ZUTATEN:

500 g Hokkaido-Kürbis
1 rote Paprikaschote
100 g Mango
1 rote Zwiebel
2 Knoblauchzehen
1 EL Olivenöl
1 TL Paprikapulver edelsüß
1 TL Currypulver
Pfeffer
Salz
Muskat
700 ml Gemüsebrühe
4 Stängel Petersilie
100 ml Schlagsahne

Optional: gerösteter Sesam

Zusätzlich: Stabmixer

1. Kürbis und Paprika halbieren und das Kerngehäuse entfernen. Mango schälen und vom Kern schneiden. Zwiebel und Knoblauch schälen. Das vorbereitete Gemüse und die Mango anschließend grob zerkleinern und in eine große Schüssel geben.
2. Olivenöl, Paprika- und Currypulver dazugeben. Mit Salz, Pfeffer und Muskat abschmecken. Alles gut miteinander vermischen und in den Korb des Airfryers geben.
3. Bei 180 °C etwa 20 Minuten weich garen. Kurz vor Garzeitende die Gemüsebrühe in einem Topf erhitzen. Gemüse hinzugeben und zum Kochen bringen. Petersilie fein hacken.
4. Suppe mit Schlagsahne verfeinern und mit einem Stabmixer fein pürieren. Mit Petersilie bestreut genießen.

Tipps:

Für eine vegane Variante die Schlagsahne gegen Kokosmilch tauschen. Optional die Suppe mit geröstetem Sesam bestreuen.

Spinat-Feta-Pide

FÜR 2 STÜCK • ZUBEREITUNGSZEIT: 45 MINUTEN • RUHEZEIT: 60 MINUTEN • BACKZEIT: 10 MINUTEN

Zutaten für den Hefeteig:

¼ Päckchen Trockenhefe
150 g Dinkelmehl (Type 360)
½ TL Salz
¼ TL Zucker
75 ml lauwarmes Wasser
2 EL Olivenöl
1 TL Sesam (weiß und schwarz)

Zutaten für die Füllung:

1 Knoblauchzehe
1 Schalotte
150 g Blattspinat
2 TL Olivenöl
40 g Feta
50 g Frischkäse
Salz
Pfeffer
1 Eigelb (Größe M)
1 EL Milch

Zusätzlich: Backpapier

1. Für den Teig Trockenhefe, Dinkelmehl, Salz und Zucker in einer Schüssel vermischen. Lauwarmes Wasser und Öl hinzugeben und zu einem geschmeidigen Teig verkneten. Zugedeckt an einem warmen Ort für eine Stunde gehen lassen.
2. Für die Füllung Knoblauch und Schalotte schälen und fein hacken. Blattspinat grob zerkleinern. Olivenöl in einer Pfanne erhitzen.
3. Knoblauch und Zwiebeln darin 2 Minuten glasig andünsten. Blattspinat hinzugeben, bis er leicht in sich zusammenfällt. Mischung auskühlen lassen und die entstandene Flüssigkeit gut ausdrücken.
4. Feta grob zerkrümeln und mit Frischkäse in einer Schüssel cremig rühren. Spinatmischung hinzugeben. Mit Salz und Pfeffer abschmecken.
5. Teig auf einer leicht bemehlten Arbeitsfläche zu 2 gleich großen Fladen à 20 cm Länge ausrollen. Füllung darauf verteilen. Dabei rundherum einen etwa 1 cm breiten Rand frei lassen. Diesen Rand leicht über die Füllung klappen. Dabei die Spitzen an den Enden fest zusammendrücken.
6. Eigelb mit Milch verquirlen. Fladen damit bestreichen und mit Sesam bestreuen. Den Rost des Airfryers mit Backpapier auslegen. Pide auf den mit Backpapier ausgelegten Rost legen bei 180 °C etwa 10 Minuten im Airfryer goldbraun backen. Je nach Größe des Airfryers muss in Etappen gebacken werden.

Kartoffel-Fenchel-Gratin

FÜR 4 PORTIONEN • ZUBEREITUNGSZEIT: 50 MINUTEN • BACKZEIT: 25 MINUTEN

ZUTATEN:

500 g vorwiegend festkochende Kartoffeln
250 g Fenchel
Salz
2 Knoblauchzehen
1 Frühlingszwiebel
1 TL Butter
2 TL Mehl
250 ml Milch
Pfeffer
Muskat
50 g geriebener Emmentaler

Zusätzlich: Auflaufform (24×15 cm)

1. Kartoffeln in Salzwasser gar kochen. Harten Strunk des Fenchels entfernen und Fenchel anschließend in feine Streifen schneiden. Fenchelgrün zur Seite legen.
2. Fenchelstreifen in Salzwasser 2 Minuten blanchieren, anschließend in Eiswasser abschrecken. Auf einem Küchentuch abtropfen lassen.
3. Kartoffeln schälen und in 0,5 cm dicke Scheiben schneiden.
4. Für die Soße Knoblauch schälen und fein hacken. Frühlingszwiebel in feine Streifen schneiden.
5. Butter in einem Topf erhitzen. Knoblauch und Frühlingszwiebeln darin kurz andünsten. Mit Mehl bestäuben und kurz anschwitzen. Anschließend mit Milch ablöschen und leicht dicklich einkochen lassen.
6. Mit Salz, Pfeffer und Muskat abschmecken. Kartoffeln und Fenchel vorsichtig mit der Soße vermengen.
7. Auflaufform einfetten. Gemüse in die Auflaufform schichten. Bei 180 °C etwa 20 bis 25 Minuten backen. 10 Minuten vor Garzeitende mit Käse bestreuen und goldbraun überbacken.
8. Gratin mit Fenchelgrün bestreut servieren und genießen.

Tipp:

Für eine vegane Variante die Milch gegen einen ungesüßten Pflanzendrink und Käse und Butter gegen eine pflanzliche Alternative tauschen.

Schottische Eier mit Feldsalat

FÜR 2 STÜCK • ZUBEREITUNGSZEIT: 40 MINUTEN • BACKZEIT: 10 MINUTEN

ZUTATEN:

- 3 Eier (Größe M)
- 200 g mehligkochende Kartoffeln
- ½ Bund gemischte Kräuter (Dill, Petersilie, Schnittlauch)
- 2 EL Dinkelmehl (Type 630)
- Salz
- Pfeffer
- Muskat
- 1 EL Milch
- 4 EL Panko
- Rapsöl zum Besprühen

Zutaten für den Salat:

- 200 g Feldsalat
- 1 Orange
- 1 – 2 TL körniger Senf
- 1 TL Honig
- 2 TL Aceto Balsamico
- 2 EL Olivenöl
- Salz
- Pfeffer

Zusätzlich: Kartoffelstampfer oder Kartoffelpresse

1. Wasser in einem Topf zum Kochen bringen. 2 Eier darin 5 Minuten wachsweich kochen. Anschließend abschrecken und vorsichtig pellen.
2. Kartoffeln schälen, vierteln und in Salzwasser gar kochen. Abseihen und ausdampfen lassen.
3. Gemischte Kräuter fein hacken. Kartoffeln fein stampfen. Mit Kräutern und 1 EL Mehl vermengen. Mit Salz, Pfeffer und Muskat abschmecken.
4. Kartoffelmasse zu 2 gleich großen Bällchen formen. Bällchen flach drücken. Eier in die Mitte legen und mit der Kartoffelmasse ummanteln.
5. Restliches Ei mit Milch verquirlen. Eier im Kartoffelmantel erst im restlichen Mehl (1 EL), dann im verquirlten Ei und Panko wenden. Dabei die Panade leicht andrücken. Panierte Eier von allen Seiten mit Öl besprühen.
6. Bei 180 °C im Airfryer etwa 10 Minuten goldbraun backen.
7. In der Zwischenzeit Feldsalat putzen. Orange filetieren und das restliche Fruchtfleisch entsaften. Für das Dressing Senf, Honig, Balsamico, Olivenöl und 1 EL Orangensaft vermischen. Mit Salz und Pfeffer abschmecken.
8. Feldsalat, Orangenfilets und Schottische Eier auf Tellern anrichten. Mit Dressing beträufeln und genießen.

Smashed Kartoffelsalat

FÜR 2 PORTIONEN • ZUBEREITUNGSZEIT: 45 MINUTEN • BACKZEIT: 10 MINUTEN

ZUTATEN:

400 g Drillinge
Salz
1 kleine rote Zwiebel
2 Knoblauchzehen
½ Bund Schnittlauch
8 Radieschen
2 Gewürzgurken + 2 EL Gurkensud
150 g Quark (20 % Fett)
2 EL Mayonnaise
80 g Rucola
2 EL Rapsöl
Pfeffer

1. Kartoffeln mit Schale in Salzwasser gar kochen. Anschließend abtropfen und ausdampfen lassen.
2. Zwiebel und Knoblauch schälen und fein hacken. Schnittlauch in feine Röllchen schneiden. Radieschen in Scheiben schneiden. Gewürzgurke würfeln.
3. Gurkensud, Quark, Mayonnaise und Schnittlauch miteinander vermischen. Zwiebeln, Radieschen, Gurken und Rucola in einer Schüssel vermengen.
4. Knoblauch mit Rapsöl vermischen. Mit Salz und Pfeffer abschmecken. Kartoffeln mit dem Boden eines Trinkglases platt drücken. (Je flacher die Kartoffeln, desto knuspriger werden sie!) Mit Knoblauchöl bestreichen.
5. Im Airfryer bei 180 °C 20 bis 25 Minuten knusprig backen. Kartoffeln anschließend grob zerkleinern. Zu den anderen Zutaten geben. Den Dip untermengen und mit Salz und Pfeffer abschmecken.

Tipp:

Für eine vegane Variante Quark und Mayonnaise einfach gegen eine vegane Alternative tauschen.

Tteokbokki

FÜR 2 PORTIONEN • ZUBEREITUNGSZEIT: 35 MINUTEN • BACKZEIT: 10 MINUTEN

ZUTATEN:

300 g Reiskuchen (Tteok; Asia-Laden)
2 Knoblauchzehen
1 Frühlingszwiebel
Rapsöl zum Besprühen
150 ml Wasser
2 EL Gochujang-Paste (koreanische Chilipaste)
2 EL Sojasoße
1 TL Chiliflocken
½ TL Zucker
50 g geriebener Käse
2 EL Röstzwiebeln

Zusätzlich: Backform (ø 20 cm)

1. Reiskuchen in eine Schüssel mit warmem Wasser geben und einweichen.
2. In der Zwischenzeit Knoblauch schälen und mit der Frühlingszwiebel fein hacken.
3. Reiskuchen abtropfen lassen und anschließend auf dem Rost des Airfryers verteilen. Mit Rapsöl besprühen. Bei 200 °C etwa 8 Minuten knusprig backen.
4. In der Zwischenzeit Knoblauch, Wasser, Gochujang-Paste, Sojasoße, Chiliflocken und Zucker in einem kleinen Topf zum Kochen bringen. 2 bis 3 Minuten bei mittlerer Hitze leicht dicklich einköcheln lassen.
5. Soße in der Backform verteilen. Tteokbokki darauf verteilen und mit Käse bestreuen. Im Airfryer weitere 2 Minuten überbacken.
6. Mit Frühlingszwiebeln und Röstzwiebeln bestreut servieren.

Tipp:

Für den veganen Genuss den Käse gegen eine pflanzliche Variante tauschen.

Zucchini-Pasta mit Knusperstreuseln

FÜR 2 PORTIONEN • ZUBEREITUNGSZEIT: 30 MINUTEN • BACKZEIT: 9 MINUTEN

ZUTATEN:

400 g Zucchini
2 Knoblauchzehen
1 Schalotte
1 Scheibe Sauerteigbrot
2 EL Pinienkerne (20 g)
1 EL Olivenöl
50 g Sahne
50 g Milch
2 Eigelb (Größe M)
30 g geriebener Parmesan oder Alternative
½ TL grüner eingelegter Pfeffer
Salz
Pfeffer
Muskat
1 Handvoll Rucola

Optional: 2 Spritzer Zitronensaft

Zusätzlich: Spiralschneider

1. Zucchini mit dem Spiralschneider in Spiralen schneiden.
2. Knoblauch und Schalotte schälen und fein hacken. Brot klein würfeln. Brot mit Knoblauch, Schalotte, Pinienkernen und Olivenöl vermengen.
3. Brotwürfel im Airfryer bei 190 °C etwa 7 Minuten knusprig rösten. Frittierkorb zwischendurch schütteln, damit alles gleichmäßig gebräunt wird.
4. In der Zwischenzeit Sahne, Milch, Eigelb und Parmesan in einer Schüssel verrühren. Mischung in einen Topf geben und bei kleiner bis mittlerer Hitze erwärmen, bis die Masse leicht eindickt, aber nicht gerinnt.
5. Grünen Pfeffer grob hacken. Zur Masse geben und alles mit Salz, Pfeffer und Muskat abschmecken.
6. Knusperstreusel aus dem Airfryer nehmen. Zucchini in den Frittierkorb geben und 2 Minuten bei 190 °C erwärmen.
7. Zucchini-Nudeln auf Tellern anrichten. Mit Soße, Knusperstreuseln und Rucola toppen und genießen. Nach Belieben mit Zitronensaft beträufeln.

Überbackene Auberginen

FÜR 4 PORTIONEN • ZUBEREITUNGSZEIT: 40 MINUTEN • BACKZEIT: 28 MINUTEN

ZUTATEN:

- 2 Auberginen à 300 g
- 2 Knoblauchzehen
- 1 rote Zwiebel
- 2 EL Olivenöl
- 200 g Veggie-Hack (Kühlregal)
- 200 g Passata
- 1 TL italienische Kräuter
- Salz
- Pfeffer
- ½ TL Zucker
- 1 TL Paprikapulver edelsüß
- 100 g Feta
- 2 Stängel Petersilie

Zusätzlich: Backpapier

1. Auberginen halbieren. Schnittflächen mit einem scharfen Messer 1,5 cm tief rautenförmig einschneiden.
2. Frittierkorb des Airfryers mit Backpapier auslegen. Auberginen mit der Schnittfläche nach oben in den Korb legen. Bei 200 °C etwa 20 Minuten weich garen.
3. In der Zwischenzeit Knoblauch und Zwiebel schälen und fein hacken. Olivenöl in einer Pfanne erhitzen. Knoblauch und Zwiebeln darin 2 Minuten glasig andünsten. Veggie-Hack hinzugeben und krümelig mit anbraten.
4. Mit Passata ablöschen und mit italienischen Kräutern, Salz, Pfeffer, Zucker und Paprikapulver abschmecken.
5. Feta grob zerkrümeln. Petersilie grob hacken. Auberginen mit der Tomaten-Hack-Soße übergießen. Mit Feta belegen und weitere 5 bis 8 Minuten bei 200 °C im Airfryer überbacken.
6. Mit Petersilie bestreut servieren und genießen.

Tipp:

Statt gekaufter Passata kannst du auch die Tomaten-Paprika-Soße von Seite 76 verwenden.

Einmal Dessert, bitte!

Apfel-Zimt-Muffins

FÜR 6 STÜCK • ZUBEREITUNGSZEIT: 25 MINUTEN • BACKZEIT: 10 MINUTEN

ZUTATEN:

- 2 Äpfel (à 130 g)
- 1 ½ EL Rohrzucker
- ½ TL Zimt
- ½ TL Vanille-Extrakt
- 200 g Croissant-Plunderteig (Kühlregal)
- Puderzucker zum Bestäuben

Zusätzlich: 6 Silikon-Muffinförmchen

1. Äpfel schälen, halbieren, entkernen und würfeln. In einer Schüssel mit Rohrzucker, Zimt und Vanille-Extrakt vermengen.
2. Teig mit einem Pizzaschneider in 6 gleich große Rechtecke schneiden. Muffinförmchen auf einer Arbeitsfläche verteilen. Teig vorsichtig in die Mulden drücken.
3. Apfelmischung esslöffelweise darin verteilen. Bei 180 °C im Airfryer etwa 8 bis 10 Minuten knusprig backen.
4. Nach dem Backen mit Puderzucker bestäuben und genießen.

Bananen-Karamell-Cupcakes

FÜR 6 STÜCK • ZUBEREITUNGSZEIT: 25 MINUTEN • BACKZEIT: 12 MINUTEN

ZUTATEN:

3 reife Bananen
50 ml Rapsöl
1 Ei (Größe M)
50 g Rohrzucker
1 TL Vanille-Extrakt
80 g Dinkelmehl (Type 630)
1 Prise Salz
1 TL Backpulver
¼ TL Zimt
2 EL geröstete und gesalzene Erdnüsse
180 g Speisequark (20 % Fett)
50 g Karamell-Creme

Zusätzlich: 6 Muffinförmchen, Spritzbeutel ohne Tülle

1. 2 Bananen, Rapsöl, Ei, Rohrzucker und Vanille-Extrakt in einem Mixer fein pürieren.
2. Mehl, Salz, Backpulver und Zimt in einer Schüssel vermischen. Mehlgemisch zügig unter den Bananenteig rühren. (Nicht zu lange rühren, sonst wird die Masse teigig!)
3. Teig in die Muffinförmchen geben. Bei etwa 180 °C im Airfryer 10 bis 12 Minuten backen. (Stäbchenprobe durchführen!)
4. Nach dem Backen auf einem Kuchengitter vollständig auskühlen lassen.
5. Für das Topping Erdnüsse grob hacken. Quark und Karamell-Creme cremig rühren.
6. Creme in einen Spritzbeutel ohne Tülle füllen. Große Tuffs auf die ausgekühlten Muffins spritzen. Übrige Banane in Scheiben schneiden. Muffins mit den Bananenscheiben und gehackten Erdnüssen dekorieren und genießen.

BAKERY
he natural leavened by
land made

Churros

FÜR 4 PORTIONEN • ZUBEREITUNGSZEIT: 50 MINUTEN • BACKZEIT: 12 MINUTEN

ZUTATEN:

100 g Dinkelmehl (Type 630)
100 ml Wasser
50 ml Milch
50 g Butter
3 EL Zucker
Salz
2 Eier (L)
Rapsöl zum Besprühen
½ TL Zimt
2 EL geschmolzene Butter

Optional: Nuss-Nougat-Creme

Zusätzlich: Spritzbeutel mit sternförmiger Lochtülle, Backpapier

1. Mehl sieben. Wasser, Milch, Butter, 1 EL Zucker und 1 Prise Salz in einem Topf bei mittlerer Hitze erwärmen, bis die Butter geschmolzen ist.
2. Mehl hinzugeben und bei kleiner Hitze gut umrühren, bis sich beim Umrühren ein Teigkloß formt, der am Topfboden eine weiße Schicht bildet.
3. Topf vom Herd nehmen und leicht abkühlen lassen. Eier nach und nach mit einem Handrührgerät unter die Masse rühren.
4. Teig in einen Spritzbeutel mit großer Sterntülle füllen. Den Korb des Airfryers mit Backpapier auslegen. 8 cm lange Streifen darauf spritzen. Teigstreifen mit Öl besprühen und bei 180 °C etwa 12 Minuten im Airfryer backen. (Für die einzelnen Backvorgänge die Backdauer eventuell auf 10 Minuten reduzieren.)
5. 2 EL Zucker und Zimt vermischen. Churros nach dem Backen mit der geschmolzenen Butter bestreichen und mit der Zimt-Zucker-Mischung bestreuen. Optional mit Nuss-Nougat-Creme servieren.

Vanille-Erdbeer-Gugl

FÜR 8 PORTIONEN • ZUBEREITUNGSZEIT: 40 MINUTEN • BACKZEIT: 35 MINUTEN

ZUTATEN:

80 g weiche Butter
125 g Zucker + 1 EL
2 Eier (Größe M)
1 Vanilleschote
150 g Dinkelmehl (Type 630)
2 TL Backpulver
Salz
150 g Erdbeeren
100 ml Sahne
80 g Mascarpone
Abrieb von ½ Zitrone
Minze zur Deko

Zusätzlich: Gugl-Backform (ø 16 cm)

1. Gugl-Backform fetten und zur Seite stellen.
2. Butter, 125 g Zucker, Eier und das Mark einer Vanilleschote cremig rühren.
3. In einer weiteren Schüssel Mehl, Backpulver und 1 Prise Salz vermischen. Trockene Zutaten anschließend zu der Butter-Ei-Masse geben und zügig zu einem geschmeidigen Teig verrühren.
4. Teig in die gefettete Form geben und im Airfryer bei 160 °C etwa 30 bis 35 Minuten goldbraun backen. (Stäbchenprobe durchführen!)
5. Den Gugl anschließend vorsichtig aus der Form lösen und auf einem Kuchengitter vollständig auskühlen lassen.
6. Erdbeeren verlesen und je nach Größe halbieren oder vierteln. 1 EL Zucker mit Sahne steif schlagen. Mascarpone in einer Schüssel cremig rühren. Sahne und Zitronenabrieb vorsichtig unterheben.
7. Gugl mit einem Messer quer halbieren. ¾ der Creme auf dem Boden verteilen. Mit der Hälfte der Erdbeeren belegen und die obere Hälfte des Gugl wieder auflegen.
8. Kuchen mit der restlichen Creme, den Erdbeeren und der Minze dekorieren.

Kürbis-Maracuja-Pie

FÜR 6 PORTIONEN • ZUBEREITUNGSZEIT: 35 MINUTEN • BACKZEIT: 75 MINUTEN

ZUTATEN:

750 g Butternut-Kürbis
1 TL Zimt
70 g Muscovado-Zucker
1 Ei (Größe M)
100 g Kokosmilch (cremig)
1 TL Vanille-Extrakt
200 g Blätterteig
2 Maracujas
1 TL gerösteter Sesam

Zusätzlich: Backform (ø 20 cm), Backpapier

1. Kürbis mit einem scharfen Messer längs halbieren. Kürbishälften mit der Schnittfläche nach unten bei 200 °C im Airfryer etwa 40 bis 50 Minuten weich garen.
2. Nach dem Backen kurz auskühlen lassen. Kerne mit einem Löffel entfernen. Anschließend das Fruchtfleisch mit einem Löffel aus der Schale herauslösen und in einem Mixer fein pürieren. Kürbispüree in ein Glas füllen und bis zur Verwendung im Kühlschrank kaltstellen.
3. 150 g Kürbispüree mit Zimt, Zucker, Ei, Kokosmilch und Vanille-Extrakt cremig rühren.
4. Backform fetten oder mit Backpapier auslegen. Blätterteig in der Backform verteilen. Kürbis-Creme auf den Blätterteig geben. Im Airfryer bei 160 °C etwa 25 Minuten goldbraun backen.
5. Nach dem Backen auf einem Kuchenrost auskühlen lassen. Maracujas halbieren, das Fruchtfleisch mit einem Löffel auskratzen und auf der Pie verteilen. Mit Sesam bestreut servieren.

Nektarinen-Rosmarin-Crumble

FÜR 4 PORTIONEN • ZUBEREITUNGSZEIT: 20 MINUTEN • BACKZEIT: 15 MINUTEN

ZUTATEN:

1 Zweig Rosmarin
4 Nektarinen
1 EL Rohrzucker + 40 g
½ TL Vanille-Extrakt
50 g Dinkelmehl (Type 630)
25 g gemahlene Walnüsse
½ TL Zimt
Salz
40 g kalte Butter

Optional: 2 Kugeln Eiscreme

Zusätzlich: kleine Auflaufform (etwa 15×24 cm)

1. Rosmarinnadeln abzupfen und fein hacken. Nektarinen halbieren, den Kern entfernen und in Spalten schneiden.
2. Nektarinenspalten mit Rosmarin, 1 EL Rohrzucker und Vanille-Extrakt vermengen und in einer kleinen Auflaufform verteilen.
3. Restlichen Zucker (40 g) mit Mehl, gemahlenen Walnüssen, Zimt, 1 Prise Salz und Butter in einer Schüssel zu einem krümeligen Teig verkneten.
4. Streusel gleichmäßig über den Nektarinen verteilen. Bei 180 °C im Airfryer etwa 13 bis 15 Minuten goldbraun backen.
5. Crumble nach Belieben mit Eis toppen und genießen.

Tipp:

Für eine vegane Variante die Butter gegen eine pflanzliche Alternative tauschen.

Zimtschnecken

FÜR 7 STÜCK • ZUBEREITUNGSZEIT: 30 MINUTEN • RUHEZEIT: 45 MINUTEN • BACKZEIT: ETWA 10 MINUTEN

Zutaten für den Teig:

280 g Weizenmehl (Type 550)
½ Päckchen Trockenhefe
Salz
30 g Zucker
100 ml lauwarme Milch
30 g weiche Butter
1 Ei (Größe M)

Zutaten für die Füllung:

80 g Muscovado-Zucker
1 EL Zimt
1 TL Vanille-Extrakt
40 g weiche Butter

Zusätzlich: Backform (ø 20 cm), Backpapier, Teigrolle

1. Für den Teig Mehl, Trockenhefe, 1 Prise Salz und Zucker in einer Schüssel miteinander vermischen. Lauwarme Milch, Butter und Ei hinzugeben und zu einem geschmeidigen Teig verkneten.
2. Teig abgedeckt an einem warmen Ort 45 Minuten gehen lassen.
3. Für die Füllung Muscovado-Zucker, Zimt, Vanille-Extrakt und Butter in einer Schüssel cremig rühren.
4. Backform fetten oder mit Backpapier auslegen.
5. Hefeteig auf einer leicht bemehlten Arbeitsfläche auf eine Größe von 25 × 30 cm ausrollen. Teig mit der Butter-Zucker-Mischung gleichmäßig bestreichen. Dabei rundherum einen 1 cm langen Rand frei lassen.
6. Teig anschließend von der langen Seite her eng aufrollen. Aus der Rolle 7 gleich große Schnecken abschneiden. Rollen in der Backform verteilen.
7. Bei 180 °C etwa 8 bis 10 Minuten im Airfryer backen. Nach dem Backen kurz auskühlen lassen und lauwarm genießen.

Zutatenregister

Auch als **E-Book** erhältlich

128 Seiten
16,00 € (D) | 16,50 € (A)
ISBN 978-3-7423-0830-6

Good Housekeeping

Das Airfryer-Kochbuch

70 leckere Gerichte fettarm zubereitet mit der Heißluftfritteuse

Frittieren kann man jetzt auch auf gesunde Weise – mit einer Heißluftfritteuse lassen sich die Speisen auch fettarm zubereiten, da der Airfryer statt mit Unmengen an Öl oder Fett mit einem Strom heißer, zirkulierender Luft arbeitet. Das Gerät kann garen, braten und backen und vereinfacht daher die Zubereitung einer Vielzahl von Gerichten.

70 leckere, fettarme, schnelle und abwechslungsreiche Rezepte zeigt Ihnen dieses Buch – nicht nur Snacks, sondern auch Hauptgerichte und Desserts. Aromatisches Blumenkohl-Popcorn, krosse Chicken Wings, knusprige Falafeln, Wraps mit frittiertem Gemüse, Süßkartoffel-Pommes oder Apple Crumble – all das ist für den Airfryer kein Problem. So geht fettarmes Kochen heute – ohne langes Vorheizen und ohne unangenehme Gerüche in der Küche.

riva

Auch als **E-Book** erhältlich

192 Seiten
20,00 € (D) | 20,60 € (A)
ISBN 978-3-7423-2561-7

Clare Andrews

Das geniale Airfryer-Kochbuch

Über 80 leckere Rezepte für die Heißluftfritteuse: schnell, gesund, energiesparend

Knusprige Pommes, gefüllte Auberginen und Chickenwings ohne Unmengen an Öl und Fett – mit der praktischen Heißluftfritteuse ist das kein Problem. Ein weiterer Vorteil gegenüber herkömmlichen Backöfen ist der geringere Energieverbrauch: Airfryer brauchen im Vergleich wenig bis keine Aufheizzeit und haben dadurch insgesamt eine kürzere Zubereitungszeit. Dieses Kochbuch ist für alle handelsüblichen Airfryer-Modelle geeignet und bietet über 80 leckere, kreative und abwechslungsreiche Rezeptideen für Frühstück, Mittag- und Abendessen sowie Snacks für zwischendurch. Mit herzhaften Frühstücks-Muffins, würziger Ziegenkäse-Tarte, saftigen Satay-Spießen, veganen Blumenkohlsteaks, erfrischendem Zitronenkuchen und vielem mehr begeistern Sie nicht nur Familie und Freunde, sondern alle, die sich gesund ernähren und dennoch nicht auf Geschmack verzichten wollen. So wird fettarmes, kalorienarmes und energiesparendes Kochen wirklich einfach – ganz ohne unangenehme Gerüche!

riva